LE

TISSOT MODERNE,

OU

RÉFLEXIONS MORALES ET NOUVELLES

SUR L'ONANISME.

LE
TISSOT MODERNE,

OU

RÉFLEXIONS MORALES ET NOUVELLES
SUR L'ONANISME;

SUIVIES des moyens de le prévenir chez les deux Sexes.

PAR M. CHARLES-MALO,

MEMBRE DE PLUSIEURS SOCIÉTÉS LITTÉRAIRES.

DE L'IMPRIMERIE DE RICHOMME.

A PARIS,

Chez T. DESOER, Libraire, rue de Richelieu, n°. 37.

A Liège, chez J. F. DESOER, Imprimeur-Libraire.

1815.

AVANT-PROPOS.

On pourra m'objecter, avec une apparence de raison, que nous possédons déjà sur l'Onanisme deux bons ouvrages, ceux de MM. Tissot et Doussin-Dubreuil : je suis le premier à convenir de cette vérité ; néanmoins, quelques réflexions *morales*, conséquemment *nouvelles* sur une matière aussi importante, ne peuvent qu'ajouter à l'horreur qu'ont inspirée ces deux médecins pour la masturbation. Certes, il n'en est pas de même ici que pour des productions littéraires : en littérature, si l'on vient à remettre sur le métier un sujet qu'un autre auteur aurait précédemment traité et développé d'une manière satisfaisante, l'on sera venu trop tard. Mais peut-on jamais travailler inùtilement lorsqu'on fait un ouvrage tout en faveur de l'humanité ? Les hommes sont aussi indifférens quand il s'agit de leur salut, qu'ils sont prompts à courir à leur perte; et la plus triste expérience démontre que les Tissot, les Doussin ne sont point encore aussi connus qu'ils devraient l'être : malgré la publicité de leurs ouvrages, combien de malheureux ignorent même jusqu'à leur nom !

Je ne puis d'ailleurs me dissimuler, malgré tout le respect que je dois au docteur Tissot, que son Traité n'est point présenté d'une manière méthodique; il est sans doute rempli d'idées susceptibles de produire les impressions les plus vives; mais, en résultat, son livre n'étant en quelque sorte qu'un mélange de citations de vers français, de vers latins, de morceaux extraits de mille auteurs allemands, ne devient rien de moins que très-indifférent à la lecture. Au contraire, si toutes les parties qui le composent se rattachaient ensemble, se coïncidaient; si tous les raisonnemens qu'on y trouve malheureusement épars, se réunissaient pour se prêter un mutuel appui, il eut rempli le but qu'il a dû se proposer en publiant son ouvrage, celui d'intéresser, de convertir; il a travaillé plutôt pour des médecins que pour des personnes qui sont censées ne devoir posséder aucune connaissance de la médecine; il passe subitement d'une chose à une autre, et sort le plus souvent du cercle que lui prescrivait son sujet. Du reste, je me fais un devoir de déclarer que j'ai transporté dans ce traité les meilleures idées de Tissot ainsi que quelques citations de M. Dubreuil, *pour tout ce qui est essentiellement du ressort de la médecine.*

Je termine en engageant vivement les pères de famille, et messieurs les instituteurs à prendre connaissance des idées que j'émets à la fin de cet ouvrage sur les moyens de prévenir chez les deux sexes la coutume infame de la masturbation.

RÉFLEXIONS PRÉLIMINAIRES

SUR L'ONANISME.

L'ÉTAT de société, sous mille rapports extérieurs, présente sans doute des avantages inappréciables; mais, sous d'autres points de vue cachés, il est aussi très-pernicieux; les communications qui en résultent sont donc ou profitables ou nuisibles; et c'est d'une variété indéfinie de caractères, de goûts, de penchans, que naît le danger des rapports sociaux. Dans une nombreuse réunion d'hommes, s'il n'en était point de vicieux, ou pour mieux dire, si ceux que l'on reconnaîtrait vicieux étaient soudain rejetés du sein de la société; se trouvant à jamais isolés, la vertu n'aurait plus à craindre leurs atteintes dangereuses; elle resterait pure et paisible. Mais ne nous formons pas de chimères : il est impossible de ne point rencontrer dans le monde de ces hommes corrompus, vrais Caméléons, d'autant plus difficiles à démasquer, qu'ils savent se couvrir du voile de l'hypocrisie et emprunter effrontément les traits de la vertu. Ces monstres ne se font aucun scrupule de pervertir secrètement ceux qui ont le malheur de les approcher : ils les infectent de leur souffle empoisonné.

Mais je veux bien supposer un moment qu'ils puissent, en mille circonstances, se voir signalés dans leur difformité par des yeux éclairés : qui pourra, dans l'hypothèse du crime dont il s'agit ici, mettre leur corruption au grand jour? Ce ne sont plus alors des gens de tout âge dont ils veulent empoisonner l'imagination ; ils cherchent leurs victimes parmi de petits êtres sans expérience ; et si ces infortunés trouvent idéalement quelque douceur dans le crime dont on leur a caché le nom et les terribles résultats, seront-ils leurs accusateurs dans l'opinion publique ? Sûrs de l'impunité, ces hommes jouissent donc du succès de leurs affreuses confidences. Il faut être bien scélérat, et en même temps bien jaloux de la tranquillité d'ame réservée à l'enfance, pour chercher à faire naître en elle des desirs qu'elle n'aurait jamais pu concevoir; cependant, combien d'exemples ne nous rapporte pas Tissot de servantes, d'amis, de domestiques qui eurent cette cruauté envers leurs jeunes maîtres ou leurs camarades (1)! En effet, pourra-t-on se persuader que sans la communication d'un masturbateur, on puisse devenir soi-même criminel; non, ce sont les conseils, les demi-mots, les confidences, les exemples, qui éveillent l'idée de ce genre

(1) Il cite, d'après Rast, l'exemple d'un enfant de sept à huit ans qui fut instruit par une servante, et mourut à la suite d'une fièvre qui l'enleva au bout de quelques jours. L'Onania est plein de faits semblables : M. Doussin cite un autre exemple d'un enfant instruit de la masturbation par son maître de musique.

De pareils faits, qui se multiplient à l'infini, tendent nécessairement à rendre les pères et mères plus circonspects sur le choix des personnes qui doivent approcher leurs enfans; il devient urgent qu'ils apportent une surveillance active et secrète sur toutes leurs actions; ils ne doivent jamais laisser leurs enfans seuls : il leur faut de même empêcher toute familiarité avec les domestiques. Cette obligation est très-rigoureuse sans doute; mais une triste expérience la démontre de jour en jour plus nécessaire.

de libertinage; il faudrait avoir un cœur bien corrompu pour concevoir en naissant l'idée d'un excès contre nature dont nous pouvons nous-mêmes à peine définir toute la monstruosité.

Aiguillonné par la force du tempérament, par l'instinct de l'âge de la jeunesse, qui permet ordinairement des pensées beaucoup plus étendues que celui de l'enfance, on peut aimer les femmes avec excès, devenir peut-être libertin sans être excité, soit par des conseils, soit par des exemples; mais un enfant dont les idées sont bornées au petit cercle de son éducation, peut-il avoir des desirs que son âge n'admet pas? Je le répète, ce sont les sociétés dangereuses, les lectures, qui feront naître en lui le goût d'un penchant criminel dont il ignore et le nom et les suites : *il devient vicieux avant de savoir ce que c'est que le vice* (1). Puisque c'est prin-

---

(1) Un jeune homme se masturbait sans présumer que cela lui fût préjudiciable, croyant seulement que c'était un de ces actes qui demandent à être pratiqués dans le secret. Le misérable, étant dans la plus parfaite ignorance des suites cruelles de ses excès, usait

cipalement l'exemple qui propage le crime de l'Onanisme, évitons les communications; mais comme on doit s'apercevoir, pour peu qu'on y réfléchisse, qu'il serait impossible d'en arrêter le cours, parce qu'il faudrait détruire alors toutes les causes qui les nécessitent, il est au moins devenu nécessaire d'en paralyser les funestes effets.

Tissot, d'après les témoignages des médecins les plus respectables, a fort bien dit que la semence est la partie la plus essentielle des humeurs du corps de l'homme; il a prouvé, en second lieu, que les excès de l'Onanisme sont beaucoup plus funestes que ceux que l'on commet avec les femmes: en développant ces principes établis, j'essayerai de présenter le tableau hideux des résultats de la masturbation.

Je me garderai, dans le cours de mes observations, d'entrer, à l'exemple de Tissot, dans des détails beaucoup plus pernicieux

---

chaque jour de ce moyen comme soporifique et réveille-matin: on ne peut se donner la mort avec plus de sécurité et d'une manière plus horrible. (*Doussin-Dubreuil.*)

sans doute que nécessaires, mais je n'aurai pas de motifs, comme M. Doussin-Dubreuil, pour retrancher tout ce qui peut avoir rapport aux femmes (1). Je ne vois aucun inconvénient à parler sans restriction d'un crime dont se souille malheureusement l'un et l'autre sexe, et je partage en ce sens l'opinion de Tissot. Qu'elles tremblent, ces femmes odieuses qui, soit par un penchant coupable, soit par une funeste ignorance, se rendent aussi criminelles; non-seulement elles se ravalent au-dessous de la bête la plus brute, mais elles se préparent encore le mépris le plus accablant et les tourmens les plus affreux.

---

(1) C'est une lacune d'autant plus grande, que les résultats de ces excès sont encore plus actifs chez ces dernières que chez les hommes.

CHAPITRE PREMIER.

Nos corps perdent continuellement, dit Tissot; si nous ne pouvions réparer les pertes réitérées qu'ils font, nous tomberions bientôt dans une faiblesse mortelle : cette réparation se fait par le moyen des alimens, mais ces alimens doivent subir dans nos corps diverses préparations que l'on comprend sous le nom de *nutrition*. Dès que la nutrition ne s'opère pas ou qu'elle se fait difficilement, de quelle que nature qu'ils puissent être, les alimens deviennent insuffisans, inutiles. De toutes les causes qui peuvent empêcher la nutrition, il n'en est peut-être point de plus commune et de plus naturelle que les évacuations trop abondantes.

Telle est la constitution de notre machine, que pour que les alimens acquièrent ce degré de préparation nécessaire pour réparer le corps, il faut qu'il y soit resté d'abord une certaine quantité d'humeurs déjà travaillées; cette condition importante manquant, la digestion reste imparfaite, et d'autant plus imparfaite que l'humeur qui manque est d'une bien grande importance. La liqueur séminale influe tellement sur les forces du corps et sur la perfection des digestions qui les réparent, que les médecins de tous les siècles ont pensé, d'un commun accord, que la perte d'une once de cette liqueur affaiblissait plus que celle de *quarante onces de sang*.

On peut se faire d'ailleurs une idée de son importance, en observant les effets qu'elle opère dès qu'elle commence à se former. Le corps se développe ; la voix, la physionomie, tout change ; les muscles acquièrent une grosseur et une fermeté nouvelles : il est aisé de se persuader que tous ces heureux développemens se trouvent arrêtés par la profusion d'une humeur si précieuse.

La semence est donc l'humeur la plus essentielle du corps de l'homme ; cette proposition est prouvée par le témoignage de tous les auteurs qui ont écrit sur cette matière, et par les faits même qui se renouvellent chaque jour sous nos yeux.

Arété nous dit : « Les jeunes gens qui » perdent trop de semence, prennent et » l'air et les infirmités des vieillards ; ils » deviennent pâles, efféminés, engourdis, » paresseux, stupides, même imbécilles ; » leur corps se courbe, leurs jambes ne » peuvent les soutenir ; ils portent avec eux » un dégoût général pour tout ce qu'ils en- » treprennent ; enfin ils sont inhabiles à « tout. »

La trop grande dissipation de la liqueur génitale affaiblit l'estomac, ôte l'appétit ; la nutrition n'ayant plus lieu, toute la machine languit ; les forces se perdent, le corps maigrit, la mémoire s'évanouit, une sensation continuelle de froid saisit tous les membres, la vue s'obscurcit, la voix devient rauque ; enfin tout le corps se détruit insensiblement.

Qu'il me soit permis de rapporter l'aphorisme de Boërhaave déjà cité par Tissot : « Une grande perte de semence produit la » lassitude, la débilité, les convulsions, » les douleurs de cerveau ; elle émousse les » sens, détruit la vue, et conduit souvent » à la *consomption dorsale*, conséquem-

» ment à la mort la plus triste et la plus
» douloureuse. »

Mais un fait qui vient encore à l'appui de tout ce que je viens de dire, c'est l'état de faiblesse et de tremblement dans lequel se trouvent les personnes qui perdent cette liqueur, en quelque petite quantité que cela puisse être, et la raison en est que cette humeur influe essentiellement sur le cerveau, qui se trouve lui-même, par sa propre constitution, le principe et en quelque sorte le chef-lieu de tous nos organes : elle a même, suivant l'opinion d'un ancien, ses veines et ses nerfs.

Mais je ne m'amuserai point à discuter ici ce système, ne voulant pas d'ailleurs me trouver dans le même cas que Tissot. Ce n'est pas pour des médecins que j'écris, mais pour des infortunés qui ne recherchent que leur salut, n'aspirent qu'à leur conversion; je ne dois donc rien dire d'inutile.

Il résulte des réflexions que j'ai faites jusqu'ici sur les dangers d'une trop grande évacuation de semence, qu'elle relâche, affaiblit, énerve; elle produit donc une foule de maladies; mais j'en épargnerai l'épouvantable énumération à mes lecteurs (1). Jeune, on nuit à sa croissance; à peine né, on se sent accablé déjà de tous les maux de la vieillesse : vieux, les infirmités inséparables de l'âge prennent un caractère effrayant; la machine, fort usée sans doute, manquant de cette liqueur précieuse qui seule peut la soutenir, s'anéantit et s'épuise.... une prompte mort devient le prix de ces funestes excès. Nonobstant cette vérité, combien de vieillards d'un tempérammment même fort délicat, font la folie de se marier sur le déclin de leurs jours! L'exercice pénible auquel les expose leur nouveau genre d'existence, les conduit nécessairement au tombeau.

Après avoir fait connaître de quelle importance est la conservation de la liqueur séminale, après avoir énuméré les résultats dangereux de sa trop grande évacuation en général, je dois rendre actuellement compte des symptômes qui précèdent, accompagnent ou suivent ces émissions.

---

(1) Tissot cite entr'autres l'apoplexie, la paralysie et la goutte.

Il faut d'abord distinguer les différentes manières dont elles peuvent se faire ; car si les suites funestes d'une perte de semence dépendaient seulement de la quantité de liqueur évacuée, il importerait fort peu de quelle façon cette évacuation se serait faite ; mais nous allons voir que la circonstance qui l'accompagne peut être aussi pernicieuse que l'émission en elle-même ; je m'explique : une quantité de semence perdue dans les voies de la nature, jette dans des maux fâcheux, mais qui le sont bien davantage quand cette même quantité a été dissipée par des moyens contre nature.

Ces évacuations ont lieu, soit en bonne santé, soit dans le cours de certaines maladies, soit encore au milieu de songes lascifs, dans les actes vénériens, enfin par le crime de la masturbation.

Je vais examiner les unes après les autres ces quatre premières circonstances, pour arriver à une comparaison naturelle avec la dernière, qui m'occupera seule dans tout le cours de cet ouvrage.

Dans le premier cas, l'évacuation, quoiqu'involontaire, n'est point une maladie, c'est une crise favorable qui débarrasse d'une humeur trop abondante, trop retenue et peut-être alors nuisible; mais cette évacuation n'a ce caractère que chez les gens à-la-fois dans la force de l'âge, sanguins, vigoureux, et sur-tout chastes.

Pour ce qui est des maladies qui causent des émissions de semence, il ne me convient point d'en parler ici. Je vais dire un mot de ces pertes qui se font pendant la nuit, auxquelles on donne le nom de *pollutions nocturnes*; ces pertes doivent être bien distinguées de celles dont il est question ci-dessus : les premières ne résultent que d'une trop grande continence; celles-ci au contraire sont les suites nécessaires, soit des excès vénériens, soit de la masturbation; les unes n'ont lieu que dans un état de parfaite santé; ces dernières se rencontrent chez les personnes dont la machine est dans un état de délabrement et de prochaine consomption. La source de ces incommodités est presque toujours incurable, et en voici la raison : Les pollutions étant excitées par l'effet pur et simple d'une imagination qui ne s'arrête que sur des objets obscènes, se renouvellent aussi souvent que ces idées elles-mêmes : on soustrait donc à la nature ce qui lui est essentiel.

Pour guérir des pollutions, il faudrait d'abord ôter à l'esprit cette turpitude d'idées qui le poursuit en tous lieux, pouvoir en un instant changer la nature de ses pensées ; autrement, quelque bienfaisans, quelqu'efficaces que puissent être les remèdes qu'on suive, l'imagination en rendra l'effet presque toujours nul. Il y a plus, les meilleurs remèdes font souvent plus de mal que de bien ; car à moins qu'on ne puisse diminuer l'irritabilité des organes pendant le temps qui s'écoule entre deux pollutions, ce qui est impossible, ou prévenir tout-à-coup le retour des songes lascifs, ce qui n'est pas plus aisé, on doit être assuré que la pollution reviendra, et qu'elle détruira le peu de bien que pouvait avoir opéré la quantité de remèdes employée dans l'intervalle.

Tissot dit que les masturbateurs sont le plus sujets aux pollutions nocturnes : en effet, leur ame tout le jour occupée d'idées vénériennes, se représente naturellement les mêmes objets pendant la nuit. A la fin de cet ouvrage j'indiquerai les attentions à prendre pour arrêter le cours de ces pertes destructives de l'existence.

J'en viens à la perte qui s'opère par le fait de l'acte vénérien. Il y a plusieurs évacuations qui se font sans qu'on s'en aperçoive, il suffit du plus léger mouvement dans l'organe qui en contient la matière : il n'en est pas de même de l'évacuation de la semence ; il ne faut rien moins que des ébranlemens généraux, une augmentation de vitesse dans le mouvement de toutes les humeurs, enfin une convulsion de toutes les parties pour la déplacer et lui donner issue : ce concours de toute la machine doit être regardé comme une preuve de l'influence de la liqueur séminale sur notre être. La promptitude avec laquelle l'affaiblissement suit l'acte, démontre que ce ne peut être sa seule privation qui l'occasionne. Des médecins ont prétendu que, dans l'acte vénérien, les mouvemens affaiblissaient davantage que la perte elle-même ; car dès qu'il y a eu convulsion, le genre nerveux, ajoutent-ils, se trouve dans un degré d'irritabilité dont la suite est un relâchement excessif. Une raison qui contribue encore à l'affaiblissement du genre nerveux, c'est l'augmentation de quantité de sang dans le cerveau pendant l'acte, augmentation qui est allée quelquefois jusqu'à produire l'apoplexie (1) : cette quantité de sang distend les nerfs, et conséquemment les affaiblit.

Pour peu qu'on réfléchisse aux effets de l'acte vénérien et des mouvemens convulsifs qui l'accompagnent, il est aisé d'expliquer les désordres qui doivent en résulter dans l'économie animale; les principaux sont la dépravation des digestions, l'affaiblissement du cerveau et du genre nerveux, le dérangement de la transpiration; le relâchement dans lequel jettent ces excès, arrête les fonctions de tous les organes : de là une diminution sensible des forces, de la mémoire, même de l'entendement, un obscurcissement dans la vue, des maux de nerfs, des gouttes, des rhumatismes, des faiblesses de dos, un dépérissement sensible des organes de la génération, des urines

(1) On nomme ainsi une maladie qui prive tout-à-coup le corps de mouvement et de sentiment.

sanglantes, et enfin souvent la consomption : rien n'abrège en un mot la vie, comme l'abus des plaisirs de l'amour.

Pour amener mon lecteur à sentir tout le danger de la masturbation, j'ai dû lui faire d'abord le tableau d'excès dont les résultats, quoique très-effrayans, sont encore moins cruels ; j'ai traité de l'importance de la semence, des suites de son évacuation par des moyens naturels ; je vais m'occuper maintenant du crime contre nature qui fait le sujet de mes réflexions.

Je viens de dire que pour produire l'émission de la semence, dans l'acte vénérien sur-tout, il ne fallait rien moins que des ébranlemens généraux, une convulsion de toutes les parties organiques ; j'ajoute que cette convulsion et ces ébranlemens sont à bien plus forte raison nécessités et plus violens chez les masturbateurs ; voilà justement la cause qui agrave les suites de leurs excès.

Dans l'état d'une union charnelle, on peut être promptement excité à l'évacuation par le fait de l'acte, indépendamment même des desirs que l'on éprouve à l'aspect de l'objet qu'on aime (1); mais quelle joie éprouve le malheureux prêt à souiller ses mains sur sa propre personne? Quels desirs peuvent s'emparer de lui? A-t-il devant les yeux le simulacre souvent enivrant d'une femme adorée?... Non; toujours triste, rêveur, mélancolique, sans cesse en proie aux idées obscènes qui se confondent dans son cerveau, enfin toujours glacé par son propre fait, le masturbateur ne saurait éprouver aucun desir naturel, puisque son

(1) J'adopte l'opinion de Tissot, qui dit que la joie qui tient à l'ame, et qu'on distingue de cette volupté corporelle que l'homme partage avec l'animal, aide les digestions, anime la circulation, favorise toutes les fonctions; et que réunie avec les plaisirs de l'amour, elle contribue à réparer, en quelque sorte, ce qu'ils peuvent ôter de force; mais il cite à ce sujet Sanctorius, dont le système est qu'après plusieurs excès avec une femme qu'on aime et qu'on desirait, on ne doit ressentir aucune lassitude, attendu que la joie que l'ame éprouve augmente la force du cœur et répare ce qu'on a perdu. Il faut interpréter avec beaucoup de réserve une pareille citation : il serait en effet absurde de penser que les excès avec les femmes restassent jamais impunis : on s'en ressent toujours, de quelque santé que l'on jouisse.

crime est contre nature. C'est un joueur infortuné et pusillanime qui, tout en détestant le jeu et le voyant avec horreur, joue malgré lui, contraint par une funeste habitude. Jusqu'à ce jour on a paru croire que la difficulté qu'éprouvaient ces malheureux pour revenir sur leurs pas, était plutôt l'effet de l'espèce de plaisir que leur faisait éprouver leur crime, que celui d'une habitude invétérée.... Erreur funeste, et peut-être elle-même le germe de ces horribles monstruosités dont gémit l'humanité.

D'après les affreux désordres occasionnés dans le système nerveux par l'onanisme, les dérangemens terribles qu'éprouve le cerveau, réfléchissons à l'état d'indifférence, de dégoût, d'abrutissement où jette indubitablement ce crime affreux, et nous serons persuadés alors que si le masturbateur, éclairé sur sa position, ne sort point du bourbier, c'est qu'il est arrivé malheureusement au point d'avoir détruit en lui l'essence de toutes ces facultés qui élèvent l'homme au-dessus de la bête, et le mettent en état de vaincre ses passions; qu'il a anéanti dans son être le jeu de ses organes, de manière qu'il soit forcé, n'ayant plus comme la brute qu'un instinct purement animal, de suivre machinalement ses penchans.

On ne s'aveuglera pas jusqu'à croire qu'il pût encore exister quelque plaisir pour l'infortuné qui a dénaturé son être par la violence de ses excès, sur-tout lorsque ces excès mêmes l'accablent alors de souffrances. J'en reviens à ma proposition. Tout est donc forcé chez un masturbateur : ses desirs ne sont point inspirés par la nature; combien d'efforts ne faut-il pas qu'il fasse pour se mettre, sans aucun besoin, dans le même cas que celui que la nature excite? Combien alors d'épuisement ne se prépare-t-il pas? Les excès avec les femmes affaiblissent, sous le rapport de la perte que l'on fait; mais les circonstances qui la précèdent et l'accompagnent, peuvent être quelquefois compensées par le fait du contentement ou de la passion. Chez le masturbateur, au contraire, la perte de la semence a lieu de même; mais comme aucun besoin, aucun desir n'en déterminent promptement l'émission, il faut, pour l'opérer, une révolution affreuse dans la machine, des ébranlemens dont l'acte violent épuise autant et plus que l'évacuation elle-même. Le masturbateur s'assassine donc à-la-fois doublement.

D'après la comparaison que j'établis entre l'homme qui pousse les plaisirs de l'amour à l'excès, et celui qui se souille du crime de la masturbation, comparaison qui n'est point en faveur de ce dernier, il ne faut point perdre de vue que je considère toujours les excès de l'amour comme très-pernicieux ; le plus sage parti est de se demander, en voyant tant de maladies, tant d'infirmités menacer ceux qui abusent de leur tempérammment avec les femmes, quel peut être, à bien plus forte raison, le châtiment réservé aux malheureux qui abusent d'eux-mêmes : c'est ce que nous verrons plus bas.

Quant aux femmes qui se livrent à la masturbation, les maux qu'elles attirent sur leur tête s'expliquent tout comme ceux des hommes : le genre nerveux étant même plus faible chez elles, les accidens sont aussi plus violens : indépendamment des maladies qu'il est dans leur nature de partager avec les hommes, elles sont exposées particulièrement à des accès de vapeurs, à des jaunisses incurables, à des crampes horribles d'estomac et de dos, à des chutes, et souvent même à des fureurs utérines qui, leur enlevant à-la-fois et la pudeur et la raison, les mettent au niveau des brutes les plus lascives, jusqu'à ce qu'une mort désespérée les arrache enfin aux douleurs et à l'infamie.

Nonobstant les maux, disons mieux, les supplices qui résultent des excès de l'onanisme, il est d'autres effets extérieurs que ces excès produisent chez les masturbateurs; ils ne font qu'ajouter encore à l'horreur de leur position; ce sont :

Les symptômes qui caractérisent le crime de la masturbation;

La honte qui en est le résultat nécessaire;

L'empire absolu que le vice prend sur leurs sens;

Les pertes involontaires auxquelles ils sont exposés;

L'impuissance des organes de la génération;

Enfin les remords affreux dont ils sont dévorés.

Les symptômes de la masturbation sont invariablement ceux-ci :

Un dérangement total de l'estomac annoncé, tantôt par des pertes d'appétit ou des appétits irréguliers, tantôt par des vomissemens habituels, qui résistent à tous les remèdes; les forces du corps manquent, l'accroissement s'arrête et se dérange, souvent on est privé du sommeil, quelquefois on est plongé nuit et jour dans un assoupissement continuel. Ajoutez à la tristesse, aux soupirs, aux larmes, aux palpitations, aux défaillances qu'on éprouve alors, un affaiblissement des organes de la génération, d'où résultent des toux sèches, des enrouemens, des essoufflemens dès qu'on se donne le moindre mouvement : l'œil est hagard, terne, faible, souvent rouge, cerné, douloureux; les paupières sont enflées, le visage est constamment pâle et taché d'une légère jaunisse; des espèces de pustules suppurantes se succèdent, non-seulement au front, aux tempes et près du nez, mais encore sur la poitrine, sur les cuisses, pour y causer des démangeaisons cruelles. On ressent une faiblesse extrême dans les reins et dans les jambes; quoiqu'on mange beaucoup, la maigreur ne fait qu'augmenter de jour en jour; la mémoire se perd; l'embonpoint et le coloris disparaissent; le plombé du teint, la rudesse de la peau, qui est souvent sèche et brûlante, leur succèdent immédiatement; les lèvres perdent leur vermillon, les dents leur blancheur, les yeux leur éclat; ils se ternissent et peignent, par leur langueur, le dépérissement de toute la machine; on éprouve un frisson continuel, plus sensible encore aux changemens de saison. Combien de masturbateurs se plaignent de constipations opiniâtres, d'hémorroïdes, d'ardeurs d'urine, dont le jet est une cause de souffrance perpétuelle; enfin de mille autres incommodités plus effrayantes encore.

Je n'essayerai pas de détailler strictement tous les symptômes qui accompagnent les excès de l'onanisme; ils varient chez chaque individu, et sont d'ailleurs plus ou moins prononcés. Hé! dans quelle mer de misères les masturbateurs ne se plongent-ils pas, puisque ces symptômes, dont la présence est une source même de tourmens, ne sont encore que des maux accessoires et indépendans des nombreuses maladies qu'ils présagent?

Je passe à la honte inséparable de ces symptômes extérieurs.

Quel est le masturbateur qui ose avouer son infamie ? Cette nécessité absolue de s'envelopper des ombres du mystère, est à ses propres yeux une preuve de son crime. Voyez cet infortuné, ses yeux sont cernés, fixes, son front est cadavéreux, son teint jaune, son visage allongé, sa poitrine étroite, sa maigreur effrayante, ses jambes décharnées; sa voix expire sur ses lèvres; il est courbé en deux, il ose à peine lever les yeux, et dès qu'on paraît le regarder, il les baisse précipitamment, de peur qu'on ne lise son crime sur son front; il craint de paraître dans la société, dont il est l'opprobre. Vaines précautions ! les désordres de son physique, sa démarche incertaine, les douleurs qu'il ressent, tout le trahit, tout le signale. Il n'est personne qui ne dise, en le voyant : « Celui-là est un monstre qui » abuse de lui-même, qui s'assassine (1). »

(1) Je dois citer ici une belle pensée de M. Doussin-Dubreuil. « L'arbrisseau que l'on prive de sa sève » languit et meurt ; de même l'homme qui consume

Et à quoi pourraient-ils être bons dans la société, ces êtres qui ont détruit en eux toute espèce de faculté et de capacité? Ils sont donc forcés de s'isoler, pour éviter les reproches que leur mériterait leur infâme penchant, et pour cacher leur turpitude. Triste position, qui met l'homme au-dessous de la brute, et le rend l'objet du mépris plus encore que de la pitié de ses semblables.

Heureux le coupable qui peut reconnaître l'abîme où il se plongeait, et se persuader que son crime est aperçu de toutes les personnes avec lesquelles il est forcé d'avoir des relations; telle est alors la cause de l'air timide qu'on lui remarque: heureux, dis-je, qui peut rougir et se repentir en même temps de l'état où l'aura plongé un criminel aveuglement, parce qu'il ne croupira pas dans le vice; et s'il a le bonheur de voir sur-tout disparaître de sa personne

---

» sans réserve les sucs destinés à son accroissement, » détruit les fondemens de son existence; il lui enlève ce qu'elle a de plus précieux. » La justesse de cette comparaison fait frémir.

tous ces symptômes avant-coureurs d'une foule de maux, ah! qu'il sera bien alors récompensé des pénibles efforts qu'il aura pu faire pour revenir à la vertu. Hélas! il serait à desirer que ces sortes de conversions fussent moins rares; mais, par une espèce de fatalité attachée au genre de crime dont il est ici question, soit par l'effet de l'abrutissement auquel ils sont réduits, abrutissement qui ne leur permet aucune idée convenable à leurs intérêts, soit à cause de l'horreur qu'ils craignent d'inspirer par l'aveu de leur crime, soit enfin par un goût permanent pour leurs infâmes penchans, la plupart des masturbateurs, loin de faire confidence de leur position, ne font qu'augmenter de discrétion, au fur et à mesure que le mal s'accroît; tous ceux qui les entourent découvrent l'abyme qu'ils ont entr'ouvert sous leurs pas; eux seuls restent plongés dans la plus fatale sécurité : ils souffrent, ils sentent souvent même leur fin approcher; et pleins de laplus profonde dissimulation, ils s'obstinent à déguiser la cause de tant de calamités. Eh! que peut l'humanité pour la conservation de ces êtres endurcis, qui affectent opiniâtrement de refuser des secours? Malheur à ceux qui, non contens d'avoir osé porter sur leur personne une main criminelle, seraient encore assez ennemis de leur salut, pour négliger tous les moyens de conversion qui peuvent leur être offerts.

« Je me suis en horreur à moi-même, » disait un malheureux masturbateur, ré» duit au plus triste état; comment pourrai» je avouer les excès monstrueux dont je » suis coupable? Serait-ce pour faire reculer » d'épouvante tous ceux qui daignaient na» guères m'honorer de quelque considéra» tion? Non; j'aime mieux ensevelir mon » secret avec moi dans la tombe, que de » souiller ma mémoire. » En effet, le misérable, s'imaginant que son crime était ignoré, expira après cinq jours des douleurs les plus cruelles, et en appelant vingt fois la mort à son secours (1).

---

(1) Combien n'en est-il pas, dit à ce sujet Tissot, qui ont péri pour n'avoir jamais osé révéler la cause de leurs maux! L'on est en effet infiniment plus porté à excuser celui qui, entraîné par un penchant que la nature a gravé dans tous les cœurs, n'a de tort que

Quelle erreur de la part des gens qui se souillent du crime de la masturbation, de croire que l'on ignore leurs excès! rien n'échappe à des yeux connaisseurs; et malheureusement cette peste est si généralement répandue, qu'il est aisé de la suspecter aux moindres indices. Qu'ils ne se flattent donc point de jouir extérieurement de l'impunité de leurs débauches : on les épie, on les observe; mais il arrive aussi trop souvent qu'on est réduit à les plaindre, sans aucun fruit. Combien de fois, par exemple, un père, un précepteur, n'ont-ils pas été dupes d'un fils ou d'un élève, tandis qu'un étranger, plus clairvoyant, avait, d'un seul coup-d'œil, sondé les replis corrompus de l'ame du jeune homme; cependant il est le plus souvent forcé de se taire, pour ne point porter la désolation dans le cœur d'un père aveugle, et

---

celui de ne pas s'arrêter au point limité par ses besoins; c'est un homme emporté par la passion, qui s'oublie : on le justifiera donc plutôt que celui qui pêche en renversant toutes les lois de la nature. Sentant combien il serait en horreur à la société, s'il en était connu, il est dans une tristesse continuelle, sans avoir aucun prétexte de justification, aucun motif de consolation.

pour ménager la pudeur d'une personne qu'il lui serait pénible de taxer d'une semblable monstruosité : c'est donc au jeune homme à prévenir des questions si délicates : il a fait la faute, il a donné dans le travers ; il ne doit point rougir de convenir lui-même de ses erreurs : il prouvera, par un aveu sincère, qu'il est fermement disposé à s'en corriger.

O vous, infortunés qui fûtes entraînés dans la route du crime, venez recevoir mes avis consolateurs : ne choisissez plus l'alternative cruelle ou d'expirer martyrs de vos excès, ou de hasarder auprès d'un parent, d'un ami véritable, un aveu qui, fait en temps utile, peut encore vous rendre à la vie, à la santé, au bonheur ; si vous restez isolé, sans vous confier à personne, la société vous méprisera ; elle regardera cet affreux silence comme une preuve non équivoque de votre endurcissement dans le crime : osera-t-elle essayer de vous retirer du bourbier où vous aurez pris plaisir à vous enfoncer vous-même ? Peut-on défendre de ses propres atteintes un homme qui s'assassine constamment et de gaîté de cœur ? Au contraire, dans quelqu'état que vos excès vous aient réduits, il est toujours temps de devenir vertueux : point de fausse honte, point de fatales préventions ; il existe des êtres généreux qui se feront un devoir sacré de vous tendre une main secourable pour vous sauver du naufrage : confiez-leur votre position, vos erreurs ; ils verseront dans votre cœur le baume de la consolation ; vous arrachant à la mort qui déjà peut-être vous menaçait, ils détruiront en vous le germe des maladies attirées par vos excès. Et pourquoi ne pourriez-vous pas, grâce à leurs soins, après avoir couru mille dangers, après avoir sans doute beaucoup souffert, vous voir enfin, avec le temps, possesseurs d'une bonne santé, fruit bien mérité de quelques années de sagesse.

L'empire absolu que les excès de l'Onanisme prennent sur leurs sens, est encore une des causes qui concourent le plus à rendre affreux l'état des masturbateurs.

Ce penchant infâme n'a pas plutôt subjugué son cœur, qu'il poursuit le criminel partout ; il s'en saisit, l'occupe en tous lieux, en tous temps : point de repos, point de relâche ; son ame corrompue est sans cesse infectée d'idées immondes : au milieu des occupations les plus sérieuses, des actes de religion même, il est en proie aux desirs, aux idées obscènes qui ne le quittent jamais. Rien n'affaiblit autant que cette tension continuelle de l'esprit toujours occupé du même objet. Le cerveau, qui se trouve toujours en action, fait un effort semblable à celui d'un muscle long-temps et fortement tendu; il en résulte une telle mobilité, qu'on ne peut plus arrêter le jeu de cette partie, et conséquemment détourner l'ame de ses fatales idées.

Les pertes involontaires et réitérées de semence sont le résultat du symptôme précédent.

Ayant toujours l'esprit occupé de sales pensées, comment pourrait-on n'être pas excité à l'acte qui en est l'objet? plus il est fréquent, plus les parties offensées éprouvent de dilatation, plus alors la semence s'y porte. L'habitude de n'être occupé que d'une seule idée rend incapable d'en concevoir d'autres; les organes de la génération se trouvent donc sans cesse irrités : telle est la cause de ces pertes autrement appelées *pollutions* ;

elles conduisent à la consomption dorsale, qui est elle-même une espèce de mort de langueur.

Mais ce n'est point encore assez que les masturbateurs perdent malgré eux l'essence de leur existence, ils ont encore à souffrir des érections douloureuses; elles sont produites par les desirs qu'ils éprouvent. Quoique de leur nature imparfaites, en raison de la dépense extraordinaire de forces qu'elles exigent d'eux, ces érections les épuisent, et d'autant plus même, qu'ils n'ont point de forces à perdre : ce qui ajoute encore aux dangers de ces érections, c'est qu'elles sont ordinairement suivies de pertes : on conçoit que l'effort qu'elles nécessitent, doit attirer une semence que la moindre action suffit pour mettre en mouvement et dissiper.

Un autre symptôme, qui se lie essentiellement à ceux dont je viens de parler, c'est l'impuissance totale de réproduction.

Cet écoulement continuel de semence occasionne dans les organes de la génération une paralysie qui ôte la force, la vie de ces parties : il faut, pour reproduire, une certaine quantité d'esprits animaux, dont ne sont point susceptibles des corps épuisés, tels que ceux des masturbateurs. Que peut, en effet, pour eux une nature qu'ils ont si cruellement outragée? Leur est-il possible de chercher en eux-mêmes une source de génération, quand ils en ont d'abord détruit l'essence? Trouveront-ils dans leur sang quelque chaleur, ceux dont les sens sont glacés? Mais supposons que, par l'effet du hasard, un d'eux ait le bonheur d'être père; quels seront les malheureux auxquels il va donner le jour? Des enfans qui se ressentiront de la faiblesse et des vices corporels de leur auteur, qui naîtront pour traîner une vie misérable et languissante. Heureux encore si leur naissance n'abrège pas l'existence de cet infortuné!

Je m'empresse d'arriver au dernier symptôme qui caractérise les excès de l'Onanisme.

Malheur à ceux qui en sont venus au point de l'éprouver : car c'est à ce moment où la machine est épuisée, où l'on ressent les incommodités et les douleurs affreuses, inséparables de ces infâmes souillures, que le voile de l'illusion tombe : ce n'est plus alors ce plaisir idéal que l'on croyait goûter dans l'acte de l'onanisme, ce ne sont plus ces chimères obscènes qu'enfantait une imagination déréglée, elles ont disparu : ce sont de tristes réalités, des souffrances véritables dont on va devenir la proie. Trop long-temps on avait cru à l'impunité : n'apercevant pas les progrès des maux que l'on amoncelait sur sa tête, on continuait ses cruelles manœuvres; mais l'instant est arrivé où le flambeau de la vérité a dû luire. Un teint effrayant, cadavéreux, une faiblesse affreuse d'estomac, une destruction totale de toutes les facultés, enfin des maladies et des infirmités dont la simple énumération fait frémir l'humanité; tout alors annonce au coupable, pour prix de sa fatale sécurité, combien est terrible la justice divine quand elle s'appesantit sur des êtres criminels. De quels remords, grands dieux, ne se sent-on pas alors déchiré! on a devant les yeux le tableau de sa conduite passée, qu'on se représente sous les couleurs les plus hideuses : on regrette amèrement de ne s'être pas arrêté au bord du précipice : vaines douleurs ! le coup est porté, il n'est plus temps.

O vous, qu'un exemple obscène, qu'un conseil perfide ont pu conduire au crime, mettez un terme à votre erreur, suspendez vos affreuses manœuvres : vous vous assassinez, songez-y bien. Fiers d'avance des efforts que vous devez faire pour rentrer dans le sentier de la vertu, triomphez de ces idées lascives qui vous subjuguent, maîtrisez ces desirs impudiques qu'elles font naître en vous.

Le moyen de détruire le germe du mal, c'est de l'arrêter à sa naissance. La nature ne s'est point encore assez affaiblie chez vous pour se refuser au succès du nouveau genre de vie que vous auriez la ferme intention d'adopter ; mais sur-tout point de retard, point de vain espoir d'impunité ; prévenez cet instant fatal où, repentant de vos excès, abreuvé de regrets tardifs, excédé de toutes sortes de misères, vous vous trouveriez heureux de pouvoir revenir sur vos pas..... C'est alors que votre conversion deviendrait presque impossible.... Auriez-vous donc enfin la force de réprimer un desir jusqu'à ce jour invincible ? Parviendriez-vous à détruire la force insurmontable de l'habitude ? (1) Et quand même vous en viendriez à bout, pensez-vous que l'on se joue impunément du corps ? la nature, morte chez vous, serait sourde à vos cris.

L'avantage d'une prompte conversion, indépendamment de l'influence qu'elle a sur le bien-être de la machine, résulte du peu d'obstacles que l'on trouve originairement à se rendre maître absolu de ses passions : plus on tarde, plus l'habitude s'enracine, prend d'empire, et plus les efforts doivent être grands pour parvenir à la subjuguer.

Voulons-nous donc être sûrs d'une victoire certaine, détruisons le mal dans son principe : heureux d'être sortis du bourbier où nous nous étions imprudemment engagés, évitant sur-tout les circonstances odieuses qui pourraient faire naître en nous des idées impudiques, nous pourrons alors concevoir,

---

(1) Les désordres occasionnés par la masturbation dans le système nerveux, ainsi que la destruction qu'elle opère de toutes les parties du cerveau, tendent à ôter à l'homme cette liaison d'idées, cette réflexion, cette force qui peut seule lui donner la faculté de se vaincre lui-même.

à juste titre, l'espérance de couler, par la suite, des jours paisibles et fortunés, entre une épouse et des enfans adorés.

Délicieuse perspective! bien capable de ramener à la vertu une jeunesse égarée.

CHAPITRE II.

A des réflexions dictées par un sentiment d'intérêt, il convient de rattacher des citations, dont le but soit de leur prêter une nouvelle force.

J'ai prouvé combien est hideux l'avenir de ces infortunés qui osent porter sur leur personne une main criminelle; je ne croirais avoir rien fait encore, si je ne proposais à l'appui de mes raisons des exemples terribles des misères attachées aux excès de la masturbation.

Quelques faits ont déjà l'avantage d'être à peu près connus; mais comme ils sont de nature à produire une impression profonde sur l'esprit de mes lecteurs, je m'empresse de les citer, parce qu'ils me fourniront d'ailleurs le sujet de plusieurs observations nouvelles et importantes.

PREMIER EXEMPLE.

J'ai dit dans mon premier chapitre que les pertes excessives de semence produites par la masturbation, pouvaient produire l'épilepsie (1) : le fait suivant vient à l'appui de cette vérité.

Un jeune homme, âgé de 21 ans, avait contracté depuis deux années la funeste habitude de se masturber. Il renouvelait ses actes très-fréquemment. Au bout de quelques temps, il eut des attaques d'épilepsie, qui bientôt ne l'abandonnèrent plus; elles devinrent même aussi fréquentes que ses masturbations, après lesquelles elles se décidaient chaque fois. Les accidens désagréables qui lui arrivaient continuellement, les douleurs très-aiguës que cet infortuné ressentait à la partie des reins, enfin les conseils salutaires que s'efforçaient à l'envi de lui donner des amis sensés et prudens, rien ne fit sur lui : toujours le même endurcissement dans ses excès, mais aussi toujours

(1) Cette maladie est ce que le peuple appelle mal caduc, haut mal.

les mêmes attaques, et de plus en plus caractérisées. Enfin un jour on le trouva mort chez lui, et nageant dans son sang.

Les exemples de cette nature sont très-multipliés.

DEUXIÈME EXEMPLE.

J'ai dit que les femmes qui se livraient à la masturbation étaient plus de temps à se ressentir des suites de leurs excès que les hommes, mais le mal n'en est aussi que plus actif quand il a pris une fois croissance.

Une demoiselle de 14 à 15 ans s'était, par cette détestable manie, attiré une consomption, avec le ventre gros et tendu. Les soulagemens que l'on apporta à sa position adoucirent pendant quelques temps l'effrayante langueur qui la consumait; mais à la longue, ils devinrent insuffisans, et la malheureuse enfant expira, regrettée d'une mère dont elle faisait tout l'espoir.

Un symptôme plus remarquable encore chez les femmes que chez les hommes, c'est l'indifférence que cette infamie laisse pour les plaisirs légitimes de l'hymen.

Mères sages et prévoyantes, veillez bien

sur la conduite de vos enfans : craignez la moindre communication contagieuse ; un seul mot, un geste d'un domestique ou d'une servante, suffit souvent pour corrompre leur cœur innocent. Quelle douleur serait la vôtre, si, faute d'une surveillance active, vous voyiez une fille, qui faisait votre plus cher ornement, dépérir sous vos yeux ! que de larmes de sang verseriez-vous, si celle qui naguères était un modèle de décence et de perfections, perdait insensiblement cette modestie, première parure de son sexe ; si son teint, jadis si frais, se plombait ; si ses yeux si vifs se ternissaient ; si les désordres répandus sur toute sa personne attestaient à tous les yeux les infamies auxquelles elle est livrée ! Que dis-je ? elle peut perdre toute raison, toute pudeur, devenir en un mot l'égale d'une brute lascive. Quel affront alors pour vous ! Parlerai-je des misères qui la devront accabler ?.... Non, non : je touche une corde trop sensible.

Ayons donc moins de confiance et moins d'aveuglement sur le compte de nos enfans. Des hommes avancés en âge commettent des fautes et des erreurs, malgré leur prétendue expérience : eh! pourquoi des enfans, dans l'âge le plus tendre et privés de raisonnemens, seraient-ils infaillibles? Pourquoi seraient-ils en garde contre des exemples ou des conseils obscènes dont ils ne seraient pas à même d'apprécier les dangers; il faut donc venir à leur secours, les éclairer d'avance, de peur que des êtres perfides ne se fassent plus tard un jeu cruel de les aveugler.

TROISIÈME EXEMPLE.

Un jeune homme, à peine âgé de 16 ans, s'était livré à la masturbation avec tant de fureur, qu'enfin, en place de semence, il n'avait amené que du sang, dont la sortie fut bientôt suivie de douleurs affreuses, et d'une inflammation générale des organes de la génération. Des émolliens réitérés parvinrent à diminuer cette irritation, mais une mort violente enleva bientôt cet infortuné, à la suite d'une attaque de *petite-vérole.*

Il n'est point douteux que ce furent ces infâmes excès qui rendirent la petite-vérole mortelle.

Ce fait est encore une preuve de l'empire affreux que prend sur les sens le crime de l'Onanisme : il doit être un nouveau motif pour les masturbateurs de changer promptement de conduite ; seul il suffirait pour leur faire sentir la nécessité d'une véritable conversion : s'ils ont encore assez de forces pour mettre un frein à leurs abominables desirs, leur victoire sera certaine ; mais il est de ces hommes faibles et pusillanimes qui, tout en reconnaissant l'énormité de leur crime, paraissent craindre de faire quelques efforts pour sortir du bourbier. L'exemple de ce jeune homme, que je viens de citer, ne pourrait jamais servir d'excuse à leur coupable endurcissement : il était hors d'état de faire le moindre retour sur lui-même, cette fureur qu'il avait de se masturber provenant purement de la destruction de ses facultés intellectuelles, mais non de cette espèce de douceur que des milliers de libertins pensent que l'on goûte dans ces infamies. Loin d'eux cette coupable erreur, véritable indice d'un cœur corrompu : ils ignorent donc que chacun de ces actes est une source de convulsions destructives de leur être ; que cette chimère de plaisir qu'enfante une imagination effrénée est l'affreux précurseur de douleurs inouies, qui sont à leur tour très-réelles, puisqu'elles affectent à la fois et le corps et l'esprit.

On peut conclure du fait que je viens de citer, que le penchant de la masturbation, quand il est porté à l'excès, ne devient plus une simple passion, mais une fureur, une frénésie, qui ne laisse aucun repos à l'ame, qui ne fait qu'augmenter encore à mesure que la machine dépérit et s'épuise : le masturbateur ayant perdu toutes ses facultés, dont la mise en action aurait pu lui donner la force de subjuguer ses desirs, se trouve entièrement abandonné à l'instinct brutal qui le dirige.

QUATRIÈME EXEMPLE.

« J'ai eu le malheur de me laisser entraî-
» ner à une habitude aussi pernicieuse pour
» le corps que pour l'esprit. L'âge, aidé de
» la raison, a corrigé depuis long-temps ce
» misérable penchant, mais le mal est fait ;
» à une sensibilité excessive du genre ner-
» veux, se joignent encore une faiblesse,
» un mal aise, un vide, une détresse, qui
» ne me laissent aucun repos et m'assiègent

» en tous lieux; je me sens miné par des » pertes presque continuelles; mon visage » est cadavéreux, mes traits allongés, mes » yeux hagards, renfoncés; j'éprouve une » telle défaillance, que je ne puis faire le » moindre mouvement sans la plus grande » difficulté; j'ai une peine infinie pour me » soutenir sur mes jambes, tant elles sont » affaiblies : mes digestions sont si pénibles, » que ma nourriture se présente en nature » même trois ou quatre heures après mes » repas; ma poitrine se remplit de flegmes, » dont la présence me jette dans un état » d'angoisses, et l'expectoration dans un » épuisement affreux. Voilà un faible ta- » bleau de mes misères, qui sont encore » augmentées par la triste certitude que j'ai » acquise que le jour qui doit suivre sera » plus affreux que le précédent : je ne crois » pas que jamais créature humaine puisse » être affligée d'autant de maux que je le » suis. »

Certes, la position de cet homme commande la pitié. Quoi de plus affreux, en effet, que d'être en proie, et dans son printemps, à toutes les infirmités que ressentiraient à peine des vieillards dont la jeunesse eut été orageuse, et de se voir rejeté du sein de la société, à qui l'on devient à charge ; de sentir, au milieu des plus affreuses douleurs, les remords cuisans d'une conscience trop tardive ; d'être enfin obligé d'implorer les secours de la religion, pour ne point porter sur soi-même une main criminelle, et se délivrer, par un nouvel attentat, de toutes ses souffrances ?

Quelle affreuse matière à réflexions pour les infortunés qui ont déjà fait quelques pas dans la carrière du vice ! Cet exemple ne saurait-il point dissiler leurs yeux ? Qu'ils envisagent le but réel, la fin de leur coupable penchant ; qu'ils pensent à l'avenir cruel qui les attend, car ils subiront un châtiment aussi terrible, ils se verront de même réduits à cette cruelle alternative, ou de se donner enfin la mort, et pour ainsi dire *leur coup de grace*, (1) ou de se résigner patiemment

(1) Qu'on me permette cette expression. Elle paraîtra bizarre au premier coup-d'œil, mais elle n'en est pas moins de la plus grande justesse : les masturbateurs ne se donnent-ils pas la mort petit-à-petit ? chacun de leurs coupables excès ne leur ôte-t-il pas

à tous les maux que l'humanité peut souffrir, mais qu'il est impossible de peindre sous des couleurs assez horribles. Eh! quel sera leur sort, dans ce dernier cas?.... d'appeler à chaque instant cette mort trop lente à leur gré pour les arracher à leurs misères : je les vois placés sur un lit de douleurs, succombant à l'excès de leurs maux, tantôt immobiles, ou plongés dans une agonie effrayante, tantôt furieux, et le jouet infortuné des plus affreuses convulsions. J'entends les cris lamentables que leur arrachent le remords et les souffrances.

Voilà donc la chute de tant d'excès, voilà donc la digne récompense d'un crime auquel tant de gens se livrent sans en connaître les funestes résultats, et tant d'autres aussi après avoir été à même de les apprécier.

CINQUIÈME EXEMPLE.

Voici la copie d'une lettre que m'adressa

---

une portion de leur existence? Ils sont semblables à cet homme cruel qui jouirait de faire couler son sang goutte à goutte..... Ils sont encore plus criminels, car ils se détruisent d'une manière plus active.

un jeune homme de mes amis, quelques jours avant de terminer sa malheureuse carrière.

« J'avais à peine dix ans, que mes parens » me mirent en pension, présumant que là » je me formerais au bien et que j'acquerrais » des connaissances utiles. Jusqu'à l'âge de » onze ans, innocemment occupé de ma pe- » tite besogne, je n'avais conçu encore au- » cune idée contraire à la décence, quand » le hasard le plus affreux me rendit crimi- » nel malgré moi. J'entrais un jour machi- » nalement dans un de nos dortoirs : j'aper- » çus un de mes camarades dans une position » qui m'était tout-à-fait inconnue. Effrayé » d'un semblable aspect, je fuyais ; mais » s'étant aperçu que je l'avais surpris, et » craignant sans doute que je n'allasse dé- » voiler sa conduite, le malheureux arrête » mes pas : te l'avouerai-je, il ne fut content » que lorsqu'il m'eut fait de force partager » son crime. Sûr ainsi de ma discrétion, il » me laissa pétrifié d'une scène si nouvelle » pour moi. Combien il faut de force pour » ne point céder au vice ! devenu une fois » coupable, je me dégoûtai de l'étude, tout

» me parut ennuyeux ; je ressentis au fond
» de l'ame un vide indéfinissable. Cédant à
» des desirs plus vagues les uns que les au-
» tres, je n'aspirais qu'au bonheur d'être seul
» pour essayer sur ma personne les cruelles
» manœuvres dont mon malheureux cama-
» rade m'avait donné l'exemple ; mais mal-
» gré la fréquence de mes actes, mes desirs
» ne faisaient que s'irriter. Ce fut à cette
» époque que je devins réellement criminel.
» L'aurais-je pensé, grands Dieux ! que mon
» cœur eut pu se corrompre, quand je me
» reporte en souvenir à cet heureux temps
» où rien ne troublait mon innocence ? Je ne
» mis donc plus de frein à mon crime : cette
» pratique affreuse, je la continuai pendant
» près d'une année, avec plus ou moins d'as-
» siduité ; mais le châtiment suit de bien
» près le crime. Bientôt mes traits s'altérè-
» rent, je maigris à vue d'œil ; épuisé par
» les pertes réitérées que je faisais, je devins
» un squelette ambulant : mon estomac ne
» supporta plus aucun aliment ; mes yeux,
» devenus d'abord creux et hagards, se
» tournèrent ; mon dos se courba, ma poi-
» trine devint étroite et faible ; elle était à

» chaque instant fatiguée par des toux opi-
» niâtres, dont l'action ébranlait mon être
» au point de produire en moi des étourdis-
» semens et des palpitations ; enfin, à l'âge
» de quatorze ans, je me vis pour ainsi dire
» perclus de tous mes membres : le plus
» petit exercice était suffisant pour m'épui-
» ser ; mes jambes me refusaient leurs se-
» cours. Je fus réduit à plaindre ma destinée,
» sans connaître l'étonnant motif de tant de
» désordres. Combien de gens j'appelais
» pour me consoler dans mon horrible situa-
» tion ! ils interprêtaient diversement la vé-
» ritable cause de tous mes maux. Les cruels !
» pourquoi me l'ont-ils cachée ? Craignaient-
» ils d'exciter ma honte en dénonçant mon
» crime ? Ah ! frémis avec moi, cher ami,
» du triste aveuglement des hommes : j'étais
» souffrant, que dis-je, je me sentais dépé-
» rir.... Tout aurait dû m'annoncer, d'une
» manière évidente, que cette affreuse ré-
» volution opérée dans ma personne ne pro-
» venait que de mon propre fait. Ignorant
» jusqu'au nom même de mes excès, je
» repoussais loin de moi toute idée de ré-
» forme, quoique réduit à l'extrémité. Mais

» bientôt l'exécrable auteur de tous mes » maux, mon malheureux camarade, ex» pira presque sous mes yeux, victime, » comme j'en fus soudain convaincu, de » toutes ses infamies. Frappé de cette scène » d'horreur, je fis alors des rapprochemens, » je conçus des soupçons, je frémis de ma » position. En un mot, je craignais de m'é» clairer, quand j'eus le bonheur de te voir: » affligé de mon triste état, tu ne me cachas » point la grande cause de mon dépérisse» ment; tu me fis sentir toute l'horreur de » mon crime, et, sans le vouloir, tu me » rendis odieux à moi-même. Les ouvrages » des Tissot, des Dubreuil, que ton amitié » fit tomber comme par hasard sous ma » main, achevèrent de découvrir à mes » yeux toute la profondeur de l'abîme dans » lequel je m'étais plongé. Effrayé de ma » propre présence, je ne pus supporter, de» puis ce jour, l'aspect de qui que ce fut au » monde. Plus brutal et plus cruel sans doute » que les bêtes féroces qui se cachent dans » le fond des forêts, je cherchai un asile » obscur où je pusse dérober aux yeux de » l'univers un monstre tel que moi. Dans

» ma retraite, revenu à des sentimens d'hon-
» neur, tourmenté par le repentir, je fis tout
» pour réprimer en moi la malheureuse
» force de l'habitude, et pour ne point enfin
» succomber à mes affreux desirs. Je me fis
» lier chaque jour constamment les mains,
» sur-tout pendant mon sommeil. Après
» quelques peines, je recueillis le fruit de
» mes constans efforts : je parvins à me dé-
» faire bientôt de ma frénésie meurtrière ;
» mais ce que je ne pus détruire, ce que je
» ne pus arrêter dans leurs progrès, c'était
» les maux divers dont mon malheureux
» être est accablé. Les organes de mon cer-
» veau étaient tellement affaiblis, que mon
» imagination se trouvait sans cesse, et mal-
» gré moi, remplie d'idées obscènes; provo-
» quant le desir, elles produisaient alors des
» émissions de semence, dont la perte me con-
» duisait insensiblement au tombeau. Cette
» consomption, qui me mine sourdement
» depuis si long-temps, accélère le terme de
» mes souffrances ; mon arrêt est prononcé :
» je vais enfin jouir d'un repos éternel.....
» Adieu pour jamais; verse quelquefois des
» larmes sur ma fin cruelle. Puisse l'exemple

» de ma mort te servir à convertir quelques » infortunés ! »

SIXIÈME EXEMPLE.

M. D*** avait joui d'une bonne santé jusqu'à l'âge de dix-sept ans. A cette époque, dit Tissot, il se livra à la masturbation, qu'il réitérait tous les jours, souvent jusqu'à trois fois, et l'acte était alors précédé et accompagné d'une légère perte de connaissance. Il ne s'était pas écoulé un an, qu'il ressentit une grande faiblesse après chaque acte. Cet avis ne fut pas suffisant pour le retirer du bourbier : son ame, déjà livrée toute entière à ces ordures, n'était plus capable d'autres idées, et les réitérations de son crime devinrent tous les jours plus fréquentes, jusqu'à ce qu'il se trouvât dans un état voisin de la mort. Il devint sage, mais trop tard : le mal avait fait tant de progrès, qu'il ne pouvait être guéri. Les parties génitales étaient devenues si irritables et si faibles, qu'il n'était plus besoin d'un nouvel acte de la part de cet infortuné pour exciter une perte, qui augmentait encore sa faiblesse. Ce spasme, qu'il n'éprouvait auparavant que dans le mouvement de l'acte, était devenu habituel et l'attaquait souvent sans aucune cause apparente, et d'une façon si violente, que pendant tout le temps de l'accès, qui durait quelquefois quinze heures et jamais moins de huit, il éprouvait des douleurs qui lui faisaient pousser des hurlemens affreux; il ne pouvait sur-tout avaler ni liquide, ni solide. Il perdit donc totalement ses forces. Incapable de tout, accablé de misères, il languit presque sans secours pendant quelques mois, d'autant plus à plaindre dans sa position, qu'un reste de mémoire qu'il avait conservé ne servait qu'à lui rappeler les causes de son malheur et à l'augmenter de toute l'horreur des remords. C'était alors moins un être vivant, qu'un cadavre gissant sur la paille, maigre, pâle, sale, répandant une odeur infecte, incapable d'aucun mouvement. Il perdait par le nez un sang pâle et aqueux, une bave continuelle lui sortait de la bouche; attaqué de la diarrhée, il rendait ses excrémens dans son lit; les flux de semence étaient réitérés; ses yeux chassieux, troubles, éteints, n'avaient plus la faculté de se mouvoir; la respiration était étouffée, sa maigreur excessive, excepté aux pieds, qui commençaient à se gonfler : le désordre de l'esprit n'était pas moindre. Sans idées, incapable de lier deux phrases, sans réflexions, sans autre sentiment que celui de la douleur, il était bien au-dessous de la brute ; l'on avait peine à reconnaître qu'il appartenait à l'espèce humaine, tant il était défiguré et contrefait. Il mourut enfin au bout de quelques temps, œdémateux (1) par tout le corps. Dieu sait quelles horribles douleurs il éprouva au lit de la mort.

Tous ceux qui se livrent à cette criminelle habitude ne sont pas tous aussi cruellement punis, mais il n'en est pas qui ne se ressentent du châtiment, du plus au moins.

Je m'arrête ici : c'est assez exposer à la vue de mes lecteurs le tableau des turpitudes et des résultats affreux de l'Onanisme. Un seul de ces faits, dont l'égale vérité est frappante, serait sans doute bien suffisant pour dissiler les yeux d'un coupable. Quiconque peut être assez endurci pour résister

---

(1) *L'Œdème* est une tumeur molle sans douleur, cédant à l'impression du doigt.

à une si triste expérience, ne sera pas plus touché en voyant vingt fois sa condamnation, qu'en la voyant une seule. Comme cet ouvrage n'est point du tout fait pour ces monstres qui se plaisent dans le crime, dont l'ame est entièrement corrompue, sans aucun espoir de retour à la vertu, mais bien pour ces infortunés qui, repentant de leurs erreurs, desirent ardemment de se convertir, je veux, tout en leur offrant des tableaux hideux, ménager aussi leur sensibilité; je ne dois point multiplier pour eux les cruels exemples, trop communs, hélas! où l'on voit le masturbateur expirer victime de son crime : je leur ôterais tout espoir de salut. A Dieu ne plaise que je veuille leur inspirer le moindre découragement! Qu'ils pensent, au contraire, qu'en changeant de conduite, sitôt qu'ils auront eu le bonheur de connaître leurs difformités, ils pourront se rendre dignes de figurer parmi leurs semblables. L'esprit et le corps auront tous deux été cruellement affectés; il les faudra guérir; mais cette guérison une fois obtenue, leur faute sera oubliée : loin de concevoir pour eux le moindre mépris, on les estimera alors intérieurement comme des hommes vertueux; et que sait-on encore? s'ils ne perdront point enfin, avec le temps, ces marques physiques ou ces incommodités, fruit inséparable de leur ancienne débauche.

Quelle récompense de leur conversion auront-ils encore à desirer? Leur crime se trouvera donc entièrement effacé : ils éprouveront une satisfaction que les souvenirs de leur ancien état leur rendront toujours plus vive. Ce sont des navigateurs qui, près d'être engloutis sous les flots, emploient tous leurs efforts pour atteindre le rivage : il est loin d'eux, mais que ne peut l'espoir du salut? Ils ne se découragent pas, l'intérêt de leur existence leur donne de nouvelles forces : ils ont à peine posé un pied sur le sable, qu'ils tressaillent de joie ; ils sont presque hors de danger. Mais sont-ils enfin parvenus sur la rive, que vous les voyez, un genou en terre, remercier avec effusion de cœur la divine providence qui a daigné conserver leurs jours. Soudain, par un sentiment de réflexion, ils tournent leurs yeux vers cet élément perfide qui devait les anéantir; le souvenir du danger qu'ils viennent de courir les fait frissonner d'horreur. Ils s'éloigner aussitôt de ces bords dangereux qu'ils mau dissent, pour voler dans le sein de leurs pa rens, de leurs amis, qui déjà pleuraient leu perte.

Ceux qui se rendent coupables des excè de la masturbation, sont ces navigateur imprudens : cette mer cruelle prête à les en gloutir, c'est leur crime, qui devient pou eux une source d'affreuses misères; leur po sition est semblable, leur sort est le même.

CHAPITRE III.

On ne devra pas s'attendre à trouver ici des remèdes pour détruire les désordres qu'aurait pu occasionner la masturbation portée à l'excès, quoique dans ce cas la cause de la maladie soit connue, que ses résultats soient uniformes, et consistent toujours dans un relâchement général des fibres, une altération des fluides, une faiblesse du genre nerveux : de pareils traitemens sont si susceptibles de modifications, qu'il deviendrait déraisonnable d'en laisser le soin aux malheureux qui les réclament par leur position.

En effet, de même qu'il y a des nuances dans l'état de tel ou tel individu, de même il devient nécessaire d'apporter dans les remèdes appropriés telle ou telle gradation qu'il serait impossible d'établir convenablement dans le petit espace de cet ouvrage. Une ordonnance indiquée avec succès pour une personne dont l'estomac serait encore assez bon, ne conviendrait en aucune manière à toute autre dont l'état serait plus aggravant ; je dis plus, elle pourrait lui devenir très-funeste. L'expérience est venue plus d'une fois à l'appui de cette triste vérité. Toutes les maladies, quelles qu'elles soient, demandent chacune une attention minutieuse ; mais les désordres affreux causés par la masturbation exigent encore une sollicitude bien plus particulière : il faut, pour être à même d'espérer quelqu'efficacité dans les remèdes que l'on a donnés, suivre les progrès du mal, ne point le perdre un instant de vue, pour lui opposer à temps des traitemens salutaires : sans cette connaissance intime et ces soins non ralentis, comment juger de la profondeur du bourbier ?

Mes lecteurs sentiront qu'il ne serait point du tout convenable de donner trois ou quatre recettes qui devraient se trouver mises à exécution par mille personnes différentes, chez chacune desquelles la maladie serait parvenue à des points différens : ce serait une recette générale ; il faut des traitemens particuliers.

Bien des personnes sont excessivement prévenues pour cette espèce de *médecine domestique*, qui, depuis Tissot, est devenue si à la mode; aussi pourra-t-on m'objecter, avec une apparence de raison, que cet ouvrage devient incomplet, en cela même que cherchant à déraciner chez les masturbateurs leur infame penchant, après avoir guéri l'esprit, je ne leur donne pas le moyen de guérir le corps : je dois prévenir cette objection.

J'ai dit que les traitemens essentiellement généraux qu'un auteur donnerait ne pouvant être modifiés ou augmentés sans inconvénient (dans les cas même nécessaires) par les personnes ignorantes en médecine, qui les mettraient à exécution, et devant conséquemment rester les mêmes, se trouveraient en mille circonstances plus nuisibles que profitables.

A cette première vérité, j'ajoute un second raisonnement. Si nous supposons qu'il soit des gens qui fussent assez prudens pour ne point changer la quantité ou la valeur des remèdes désignés, nous devons aussi présumer qu'il en existerait d'autres qui, soit par excès d'amitié, d'économie, ou par cet esprit de présomption qui nous porte souvent à croire que nous savons ce à quoi nous sommes le plus étrangers, prendraient sur eux-mêmes de modifier à leur fantaisie ces remèdes, sans doute appliqués d'ailleurs à contretemps. Et pourquoi cela? parce qu'elles s'imagineraient reconnaître leur trop ou trop peu d'effet; autre inconvénient plus grave encore que le premier.

Je ne parlerai point non plus de l'ignorance et de l'embarras de beaucoup de personnes pour la préparation de ces recettes, quoiqu'elles soient à même d'influer singulièrement sur la position du malade.

Enfin si je puis m'appuyer subsidiairement de l'expérience, M. Tissot a donné, dans le cours de son traité, un détail de divers remèdes, la plupart très-précieux : est-il quelqu'un qui se soit jamais contenté de ces indications, et n'ait consulté un homme de l'art pour opérer sa guérison? La série de ces moyens curatifs faite en quelque sorte pour remplacer la présence des médecins, devient donc inutile et insuffisante, puisqu'on se trouve, dans tous les cas, forcé d'avoir recours à leur ministère : ce serait donc pour des médecins que je travaillerais. A Dieu ne plaise que je veuille leur prescrire la marche qu'ils ont à tenir en pareil cas, et sur-tout n'étant rien moins que médecin. Si je ne m'impose donc pas la loi de répéter ici ce qui a déjà été dit avant moi au sujet des remèdes, c'est pour forcer tous les individus qui tendent à une véritable conversion, à recourir aux lumières d'hommes instruits dans l'art de la médecine ; et, dans quelque rang qu'ils puissent être, à ne point se fier, pour les traitemens qu'exige leur mal, à leur propre connaissance ou à la simple expérience des gens qui les entourent ; ils ne tarderaient pas à se voir bientôt les victimes de leur funeste sécurité.

Je vais me contenter d'indiquer les diverses précautions que prendront ceux qui auront eu le bon esprit de s'arrêter avant que le mal n'ait fait chez eux des progrès sensibles, avant que les désordres physiques ne se soient manifestés extérieurement. Alors, pour réparer le tort qu'ils se sont fait et pour arrêter sur-tout le cours des pollutions qui les minent sourdement, il leur faut une sagesse excessive, une sobriété rigoureuse, et une très-grande pureté d'idées, qui s'acquerra petit-à-petit. En observant toutefois le régime et le mode de conduite que je vais prescrire, ils pourront, sans le secours de qui que ce soit, rétablir avec le temps leur santé faiblement altérée.

Le régime consiste à manger peu et fréquemment. Si l'on donnait à l'estomac plus de nourriture qu'il n'en peut supporter, on l'affaiblirait nécessairement. Il faut donc prendre des alimens qui, sous un petit volume, contiennent beaucoup de suc, et puissent, en outre, se digérer facilement. Aussi devra-t-on, s'il est possible, manger habituellement du bœuf, du mouton ou du veau; en fait de volaille, il deviendra nécessaire de choisir les sortes les plus legères, par exemple : du poulet, du poulet d'Inde, du pigeon, des perdreaux; si même on peut ne point faire usage de volaille, on fera bien. Quant aux herbes, asperges, artichaux, on se les permettra quelquefois, ainsi que les graines farineuses : préparées avec du bouillon, elles deviennent un aliment très-nourrissant. Les œufs chauds ou à la coque sont encore fortifians ; s'ils étaient durs, loin de faire du bien, ils nuiraient essentiellement à la digestion. De l'avis de tous les médecins, le lait est la substance animale la plus nourrissante : celui de vache est préférable à tous les autres; mais comme le lait se trouve, par sa nature, susceptible d'une décomposition qui, arrivant, pourrait occasionner les plus grands désordres, il devient nécessaire de la prévenir. Pour cet effet, il faut se garder, pendant qu'on le boit, de tous les alimens qui le pourraient aigrir, et ce sont sur-tout les acides; il faut d'ailleurs le prendre dans des temps fort éloignés des autres alimens et en petite quantité ; autrement on en troublerait la digestion, et le lait ne produirait que des effets très-funestes.

Les alimens à éviter sont ceux qui portent de l'âcreté : toutes les viandes naturellement dures et indigestes, celles qui sont fumées, salées ou trop grasses, sont pareillement fort mauvaises; toute pâtisserie, quelle qu'elle soit, tous légumes, comme choux, pois, fèves, haricots et autres, sont malfaisans : les fruits crus, le vinaigre, le verjus et autres acides, ne tendent qu'à détruire l'estomac, qui n'est déjà que trop faible : on doit aussi s'interdire le vin pur et sur-tout les liqueurs.

Mais ce n'est point assez d'observer un régime, il faut encore avoir certaines attentions, sans lesquelles il deviendrait insuffisant.

L'air, à la connaissance de tout le monde, exerce une grande influence sur nous : notre santé, notre force, notre gaîté, dépendent de la pureté ou de la putridité de l'air que nous aspirons. Il est constant que pour se bien porter, un homme qui ne serait attaqué d'aucune incommodité, a besoin d'un air frais et vivifiant : à combien plus forte raison un air pur et sain devient-il indispensable pour les gens faibles ; c'est un remède, dit Tissot, qui agit sans le concours de la nature, sans employer de force. Il est donc de la plus grande importance de ne le point négliger. Il ne faut point rester enfermé dans une chambre : l'air qu'on y respire est toujours rempli de vapeurs, et conséquemment malfaisant. Dans le cas cependant où des circonstances impérieuses forceraient à prendre ce dernier parti, il serait urgent de renouvéler très-fréquemment l'air des lieux où l'on sera.

Heureux! mille fois heureux! celui qui peut vivre à la campagne, et sur-tout le matin respirer l'air des champs! Combien il hâte son rétablissement! la fraîcheur et la salubrité d'une atmosphère riante contribue beaucoup à une amélioration dans sa manière d'être.

Les personnes qui ont abusé de leur tempérament par les excès de la masturbation sont également sensibles aux atteintes du froid et du chaud : un air doux est celui qui convient le mieux à leur état; mais, dans tous les cas, une température un peu froide leur serait moins nuisible qu'une grande chaleur, par la raison que la chaleur ne fait que relâcher les fibres déjà trop molles, et dissoudre les humeurs déjà trop fondues. Le froid produit un effet contraire. Les personnes qui ne seraient point dans une position à pouvoir habiter à la campagne, n'auront qu'à s'assujettir à s'en aller chaque matin, dès la pointe du jour, respirer l'air de nos jardins publics ou des champs les plus voisins; ils se ressentiront bientôt de ces sortes de promenades.

L'exercice est presque aussi nécessaire

que l'aspiration d'un air sain; il n'est rien qui rende plus robuste, rien de plus profitable. Celui que l'on prend à pied est le meilleur. M. Doussin cite le fait d'un Toulousain à qui il ordonna un très-fort exercice; le jeune homme finit par retrouver la santé, qu'il avait perdue.

Il est constant qu'une personne qui reste toujours à la même place, dans le même lieu, gâte l'air qui l'environne, tandis qu'une autre, qui est sans cesse en action, en change continuellement. L'exercice a donc le double avantage de faire jouir d'un air nouveau et d'augmenter la force de la circulation. Toutes les fonctions se faisant comme si on avait des forces réelles, cette régularité tend à en donner. Mais il ne faut d'abord qu'une activité modérée et bien graduée: si dans un état de faiblesse, on prenait un trop violent exercice, loin d'acquérir des forces que l'on n'a pas, on ne ferait que s'affaiblir encore. Il faut, pour ne point manquer le but qu'on se propose, augmenter petit-à-petit ses mouvemens, avoir sur-tout soin de ne point prendre d'exercice sitôt après les repas, non plus que de manger après l'exercice ou dans un état de transpiration. L'exercice à cheval est encore fort bon pour ceux qui n'auraient point encore la force de marcher : il a cependant ce grand inconvénient de gêner les personnes qui ont les parties génitales endommagées : il leur cause de vives douleurs.

Le fait de la transpiration chez les masturbateurs n'est point non plus à négliger : elle se trouve déjà si dérangée ; on ne saurait s'imaginer combien elle importe au bien être du malade. Il faut toujours bien soigner les pieds, et les tenir chaudement : le froid que ressent cette partie du corps est fort dangereux ; il est la source de beaucoup de maux dont on est loin de deviner la cause. On ne devra pas, au contraire, se trop couvrir le corps, dans la crainte de suer et de nuire à la transpiration ; elle se trouverait en effet gênée par une trop grande quantité de vêtemens. Il est un moyen que donne Tissot pour ranimer une transpiration languissante : il consiste à se frotter la peau régulièrement avec une vergette ou bien une flanelle. Pour ne point non plus s'exposer à l'intempérie d'un air qui pourrait arrêter la transpiration, il faut avoir le corps toujours couvert de laine,

Les masturbateurs doivent se garder d'une salivation abondante à laquelle ils sont déjà trop portés par leur faiblesse même : non-seulement cette espèce d'évacuation les épuise, mais elle nuit encore à leur digestion, qui n'en est que plus pénible et difficile. Il a été démontré plus haut combien une digestion laborieuse était contraire aux masturbateurs, j'ajoute ici qu'elle rendrait certainement vaines toutes les attentions qu'ils pourraient d'ailleurs prendre pour l'amélioration de leur santé : j'engagerais donc d'éviter tout ce qui pourrait exciter à la salivation ; par exemple il serait dangereux de fumer.

Les sensations qu'ils peuvent éprouver dans le cours de leur régime influent encore beaucoup sur les malades, tant est étroite l'union de l'ame et du corps ; il sera donc prudent de leur part, en raison de la faiblesse de leur cerveau, de fuir toute inaction, jusqu'à ce qu'ils aient clairement vu disparaître de leur personne les traces de leur crime, jusqu'à ce que le moral soit chez eux entièrement et aussi sainement rétabli que le physique. Que l'on ne s'y trompe pas, c'est une funeste oisiveté, c'est un dangereux abandon à nous-mêmes, qui nous fournit les occasions de nous porter à des écarts que nous n'aurions sans doute jamais commis, si nous eussions eu moins de liberté; mais si l'inaction ne tend qu'à nous donner toujours de mauvaises pensées, c'est bien sur-tout dans cette circonstance que ses effets sont à redouter; car l'esprit des masturbateurs, porté par lui-même à l'obscénité, ne se trouvant pas continuellement distrait par d'autres objets extérieurs, retomberait nécessairement dans ses premières rêveries, dans ses idées lascives, et je ne répondrais pas alors, malgré tous les efforts que l'on pourrait faire pour éviter ce mal, que le corps ne succombât de nouveau à la force de l'habitude. Cette impureté d'idées reprenant une fois le dessus, rendrait tous les régimes inutiles; elle détruirait le bien qu'ils auraient pu déjà produire.

C'est ainsi que l'on voit journellement des malheureux honteux de leur abominable penchant, desireux d'obtenir la guérison de cette foule toujours renaissante d'incommodités qui les assiègent, dépérir de jour en jour, minés par les pertes réitérées qu'ils font. Et pourquoi? parce qu'ils n'ont pu, tout en s'abstenant de leurs excès, arracher de leur esprit corrompu sa fatale impureté : elle devient insensiblement l'instrument de leur mort.

Mais en recommandant un objet de distraction quelconque toutefois continuel, je suis fort éloigné d'engager au moindre travail assidu; je dois avouer, au contraire, qu'il serait très-nuisible, en ce qu'il fatiguerait au lieu de récréer. Il faut, pour bien faire, avoir une occupation susceptible de varier, qui ne commande pas une grande dépense de réflexions ou de combinaisons; car il est bon d'éviter jusqu'à la moindre tension d'esprit : des lectures de courte durée, gaies, amusantes: voilà ce qui convient le mieux. Plus le malade pourra éprouver de plaisir, ressentir de gaîté, et mieux il se portera : miroir fidèle des impressions secrètes de l'ame, tant que le visage sera riant, on n'aura point à craindre le moindre retour à des idées obscènes; leur présence ne pourrait en effet que répandre un air sombre et farouche sur la physionomie. Il est inutile de recommander de n'avoir dans ses mains que des livres dont la gaîté ne soit point indécente, dont la morale soit épurée : on doit rejeter avec horreur loin de soi ces ouvrages dont le venin corrupteur ne ferait que réveiller le feu des passions et des desirs ; comme aussi conviendrait-il d'éviter toutes les occasions, tous les entretiens, toutes les réunions capables de faire sur nous quelques vives impressions. Nos sens sont irritables, il faut leur donner du repos ; l'aspect et la société de personnes d'un autre sexe pourrait bien quelquefois produire chez le malade des sensations très-dangereuses pour sa position, qui commande toutes sortes de ménagemens.

Pour être plus sûres que ces diverses conditions seront exactement observées, les personnes placées auprès du malade ne devront jamais, s'il est possible, le laisser seul. On ne saurait trop user de circonspection à son égard. C'est la solitude qui a favorisé le fait de son crime : n'aurait-on pas lieu d'en appréhender encore de fâcheux résultats ? Le masturbateur, quelle que certaine que puisse être sa conversion, doit toujours se méfier de ses passions ; il doit être sans cesse en garde contre elles : la victoire qu'il a remportée sur lui-même ne saurait être trop assurée. Eh ! quel moyen plus favorable de venir à son aide, que de le sauver de toutes les occasions de chute ?

O vous, à qui se trouve confiée de droit la tâche bien douce d'éclairer des enfans, des amis aveuglés, de leur porter des secours consolateurs dans leurs misères, impatient sans doute de voir cesser la cause de tous leurs maux, ne vous abusez point sur l'heure de son extinction ; ne vous fiez point à des apparences trompeuses : hélas ! un moment, un seul moment a suffi pour rendre ces infortunés criminels ; un moment aussi peut encore les faire retomber malgré eux dans l'abîme. Cette cause existe toujours, l'effet seul en est suspendu : je dirai plus, la faiblesse, la sécheresse du cerveau, l'irritation à laquelle se trouve insensiblement porté le systême nerveux ; enfin cette espèce d'abrutissement de l'esprit, suite ordinaire des diverses révolutions opérées dans le physique et dans le moral ; tout ne fait qu'ajouter à la gravité de cette cause. Tant que les incommodités durent, on doit toujours la

...maladie ; une guérison parfaite, un retour heureux à la santé chassant nécessairement toute idée noire ou lascive, pourraient seuls la détruire : mais tant qu'on n'est pas arrivé à ce point desiré, il faut chercher à rendre son effet nul ; et comment y parvenir ?..... En redoublant d'attentions, de vigilance, en surveillant continuellement le malade. Qu'on se figure la position d'un jeune homme qui aurait la passion de dérober (1) : pour le cor-

(1) Qu'on me permette cette comparaison : elle peut donner une idée fort juste de l'état du masturbateur dont le penchant est souvent une horrible frénésie. Peu partisan de la doctrine dangereuse de certain docteur, ne supposant point de *sentimens innés*, *de penchans irrésistibles*, je pense fermement que l'être méprisable qui se porte au larcin ne vole point pour son plaisir ou même à cause d'une certaine protubérance qu'il peut avoir sur la tête, mais seulement pour le soutien d'une existence aux besoins de laquelle sa fainéantise le met dans l'impossibilité de subvenir. La cruelle passion du masturbateur, sans pouvoir être mise au nombre des *penchans irrésistibles* du docteur en question, a cependant un caractère de ténacité très-prononcé : tôt ou tard on parvient à la déraciner ; mais cette difficulté, cette presqu'impossibilité de revenir à la vertu n'est point due au hasard,

riger d'un défaut aussi essentiel, on le guette, on observe jusqu'à ses moindres mouvemens; toujours à ses côtés, on lit dans ses yeux ce qu'il projette; on prévient ses coupables intentions, et pour empêcher leur action, on irait même jusqu'à lui lier les mains. Ces attentions doivent donc être aussi exactes pour le masturbateur. Une semblable rigueur ne saurait être bizarre, une telle méfiance déplacée; elle ne ferait qu'aider aux efforts continuels que sera forcé d'employer le malade pour se défaire entièrement de son penchant meurtrier; son grand avantage sera d'assurer sa guérison et d'en hâter l'heureux moment.

---

n'est point indépendante du fait du masturbateur: elle est dans la nature; ce sont ses excès qui, l'énervant de plus en plus, le privant de tout autre sentiment que celui de son crime, ajoutent à la difficulté de cette victoire, et cette difficulté s'accroît encore en raison du retard apporté à la conversion. On ne saurait donc trop recommander à tous ces malheureux qui se sont souillés du crime de la masturbation de revenir promptement sur leurs pas; ils s'éviteront avec une foule de misères que la mort seule pourrait terminer, l'amertume tardive d'un repentir aussi déchirant qu'inutile.

L'usage des bains est très-favorable aux masturbateurs ; fortifiant, ils donnent du ton aux nerfs; mais il conviendra de s'abstenir des bains chauds, leur effet étant toujours de relâcher. Ils sont bons pour certains tempéramens et nuisibles pour d'autres. D'ailleurs, comme les personnes pour lesquelles j'écris cet ouvrage n'ont aucune connaissance de la médecine, et ne sauraient, conséquemment, être à même de faire une juste distinction des tempéramens bilieux, sanguin, mélancolique et pituiteux, puisque l'exacte vérité échappe quelquefois même à l'œil observateur des gens de l'art, il devient inutile de dire quels sont les tempéramens qui s'accommodent ou ne s'accommodent pas des bains chauds; je me contenterai de déclarer qu'ils ne peuvent être pris que par ceux qui ne se masturbent plus : il est néanmoins des circonstances où, de toute nécessité, et ne pouvant faire mieux, on est obligé d'en faire usage : c'est, par exemple, lorsqu'on se trouve exposé à des crachemens de sang. Les bains froids seraient également dangereux pour ceux qui auraient soit la goutte, soit des fluxions, soit des rougeurs;

ils sont sur-tout essentiellement contraires aux dartres (1).

Nous convenons que les bains froids font

(1) Si un moment de saine réflexion pouvait éclairer les masturbateurs, s'ils pouvaient se persuader que cette foule de maux auxquels leurs excès les exposent, exige le plus souvent des traitemens dont les effets contraires se détruisent réciproquement, qu'on ne peut guérir un mal sans nuire à l'autre ; s'ils étaient enfin bien convaincus qu'ils deviennent définitivement les victimes de tous ces terribles contrastes dans les remèdes qu'on leur applique, combien ils se hâteraient de mettre un terme à leur penchant odieux. Faut-il faire ici une application : les dartres exigent préparatoirement, pour leur curation, des bains chauds réitérés, qui tendent à les faire sortir entièrement. Je suppose un masturbateur d'un tempérament pituiteux, attaqué de dartres : pourrait-il, sans aucun danger, user continuellement de ces bains. Ce relâchement de fibres, qu'ils occasionneraient, lui serait avantageux sous le rapport des dartres, et funeste comme masturbateur ; et *vice versâ*, je veux qu'occupé seulement de la guérison de ses excès, une personne, pour l'obtenir, prenne des bains froids souvent répétés ; elle s'exposera peut-être à la mort en faisant rentrer les dartres répandues sur toute sa personne. Combien de citations ne pourrait-on pas faire de pareilles contrariétés dans les remèdes, et les

beaucoup de bien ; il est cependant quelques précautions à prendre en en faisant usage. Les auteurs qui ont écrit sur cette matière s'accordent tous à dire qu'il peut résulter de graves inconvéniens de la trop grande froidure de l'eau : elle peut faire naître dans les parties affectées des tiraillemens et des contractions douloureuses ; on devra d'ailleurs se contenter expressément d'un bain de très-courte durée, autrement on ne ferait qu'épuiser ses forces, sans aucune utilité. Le bien que l'on retire de ces sortes de bains s'opère dès le premier quart-d'heure qu'on y passe. On peut encore ne faire baigner que les parties affectées : c'est un moyen de les bien fortifier ; mais il faut toujours que l'eau à laquelle on soumet ces parties, naturellement très-sensibles, soit peu froide, ou plutôt

---

unes plus funestes que les autres. Sage mais trop tard, triste victime de l'effet, à coup sûr insuffisant de la médecine, que l'on accuse, sur son lit de douleurs, de ne pouvoir rien de surnaturel, c'est quand il n'est plus temps que l'on sent toute l'énormité de son crime, que l'on jette avec horreur ses regards sur le passé, et que l'on attend avec effroi l'avenir.... Voilà donc la digne récompense de tant d'aveuglement !

chaude d'abord, et réfroidie ensuite par degrés; c'est la meilleure manière d'accoutumer au froid la partie qu'on expose à l'eau, sans l'incommoder.

Il me reste, pour terminer ce chapitre, à parler du sommeil des masturbateurs. Tout ce que je viens de dire s'applique, comme on peut le voir, aux personnes dont la santé se trouve simplement très-altérée par leurs excès, sans qu'elles soient cependant affligées d'aucune maladie particulière, si nous exceptons l'incommodité très-commune chez elles, appelée *pollutions nocturnes.*

Il n'est rien qui fatigue tant qu'un trop long sommeil, rien de plus nuisible à la santé. Il faut se mettre au lit de très-bonne heure et en sortir de fort bon matin. Selon Lewis, on doit se coucher à dix heures et se lever à quatre ou cinq heures en été, et à six ou sept heures en hiver. Il est absolument nécessaire de défendre aux personnes atteintes de pollutions de rester dans leur lit le matin; beaucoup d'exemples tendent d'ailleurs à prouver la bonté du réveil après le premier sommeil.

Pour obtenir un sommeil dont la tranquillité ne soit interrompue par aucun songe dangereux, il faut avoir le soin de se couvrir modérément le corps et les pieds, de manière à ne point aider à une transpiration dont l'effet serait de produire ces mêmes pollutions que l'on chercherait à éviter. En effet, lorsque l'on est couché dans un lit où l'on éprouve une grande chaleur, le sang se raréfie, donne lieu à une espèce de prurit; delà ces érections douloureuses, ces pertes involontaires, dont les suites sont si funestes.

Les lits tendres, sur-tout ceux de plume, sont à rejeter : il faut choisir de préférence des lits de paille; ce sont les plus rafraîchissans, conséquemment les meilleurs. Les personnes attaquées de pollutions doivent toujours se coucher sur le ventre et jamais sur le dos; cette dernière position est nuisible, en ce qu'elle rend le sommeil plus agité, et qu'elle tend à échauffer les parties génitales. Il faut en outre renoncer au souper ou du moins souper très-légèrement. Cette seule attention, dit Tissot, contribue plus à opérer la guérison, que tous les remèdes que l'on pourrait mettre en usage. Les alimens les plus convenables sont ceux qui sont tirés du règne végétal. J'ai donné plus haut le détail des alimens dont il convient particulièrement de faire choix.

Je terminerai là mes réflexions : je crois en avoir assez dit sur le régime à observer de la part des personnes faiblement affectées des suites de la masturbation ; il devient inutile de m'appesantir davantage sur ce point : je vais actuellement émettre quelques idées sur les moyens de prévenir la masturbation chez les deux sexes.

CHAPITRE IV.

M. DOUSSIN-DUBREUIL, dans son ouvrage sur l'Onanisme, a publié les conseils de M. Willaume sur les *moyens d'arrêter les progrès de l'Onanisme* : ces conseils, remplis d'ailleurs d'excellentes idées, m'ont paru néanmoins susceptibles de diverses observations, que je me permettrai de faire; leur but est d'ailleurs tout simplement d'arrêter les progrès de l'Onanisme. Eh! comment? en mille circonstances on pourra prévenir le mal, se préserver de ses atteintes, et l'on n'aurait ici que le pouvoir, encore bien incertain, d'en arrêter les progrès. Au sortir de leur berceau, on parviendra à inculquer à des enfans des principes naturels de vertu, dont ils ne s'écarteront jamais sans doute pendant tout le cours de leur vie, et l'on ne sera point maître de les garantir d'un abus dont toute l'horreur tombe à peine sous les sens ! combien d'amis zélés de l'humanité ont paru, jusqu'à ce jour, desirer des moyens préservatifs du crime de la masturbation ! j'avouerai franchement la presque impossibilité où l'on est de satisfaire à cet égard. Tissot lui-même a reconnu non-seulement la grande difficulté, mais encore le danger extrême, en certains cas, d'une cure préservatoire : aussi n'est-ce qu'en tremblant que je me hasarderai à me charger, en partie, d'une tâche dont mes prédécesseurs ont rejeté tout le fardeau. Puissent les idées que j'émettrai sur ce point être accueillies favorablement, et je serai bien payé de ma témérité !

Je vais examiner d'abord le fonds des conseils de M. Willaume *sur ses moyens d'arrêter les progrès de l'Onanisme*, pour arriver tout naturellement à l'exposition de mes idées.

M. Willaume dit : « Il serait certainement » très à souhaiter, pour prévenir la propa- » gation de l'Onanisme, que les maîtres de » pension pussent ou ne point se charger de » tout enfant qui en est prévenu, ou s'en » débarrasser sitôt qu'on aura reconnu qu'il » l'est. »

Il serait fort difficile pour un maître de pension qui se trouve sur le point de recevoir un enfant chez lui, de reconnaître s'il est infecté d'une semblable contagion, à moins que les symptômes extérieurs fûssent déjà assez marquans pour décéler la vérité; du reste, l'idée de s'en débarrasser sitôt que le fait du crime est certain, me semble très-bonne. Car, en ce cas, un maître ne doit nullement considérer l'intérêt pécuniaire qu'il aurait de garder l'enfant chez lui; il ne lui faut pas même envisager l'intérêt personnel de l'enfant : toute sa sollicitude doit s'étendre sur ce grand nombre de jeunes innocens qui habiteraient sous le même toît que le coupable; n'aurait-il pas raison d'appréhender que leur cœur sans défense ne s'ouvrît à la corruption ? Je ne vois qu'une circonstance où l'on pourrait se décider à conserver cet enfant dont l'esprit est infecté : c'est lorsqu'on aura les moyens de l'isoler entièrement, sans lui laisser la moindre communication avec ses camarades, et encore faudrait-il être sûr qu'il reviendrait à la vertu. Car si c'était un de ces libertins qui, loin de frémir de l'horreur de leurs excès, s'en font au contraire un jeu, alors point de complaisance, elle serait trop dangereuse; on doit le chasser, sans aucune autre considération. Qu'un maître de pension se rappelle qu'il répond aux parens des enfans qu'ils ont confiés à ses soins : son honorable emploi le rend également comptable des vices et des vertus de ses élèves.

M. Willaume ajoute : « Mais les expulser » pour ce motif, ce serait à peu près comme » si on ne les avait reçus que pour les dévouer » à une perte certaine, ou ce serait comme » si, au lieu de remplir l'obligation sacrée » d'en prendre soin, on les jetait sans misé» ricorde dans un précipice dont rien ne pût » les tirer. »

Cette raison que donne M. Willaume pour déterminer les maîtres à ne point, dans tous les cas, se défaire des jeunes gens qu'ils sauraient être vicieux, n'est, selon moi, fondée en aucune manière. D'après ce raisonnement, il semblerait que tous les enfans qui sont dans les pensions n'ont ni père ni mère, ni parens ni amis, enfin qu'il n'est aucun être qui puisse prendre à leur position un intérêt plus vif encore que des hommes dont les bons offices ne peuvent toujours être guidés, quoiqu'on dise, que par un esprit d'intérêt; qui sont en outre, par état, forcés de partager leurs soins également sur tout ce qui les entoure, et qui, pour lors, ne peuvent porter à chaque élève, en particulier, les attentions dont seuls sont capables de bons parens, de vrais amis. On doit au contraire induire de ceci, que l'expulsion de l'élève sera doublement avantageuse: d'abord, pour les autres enfans, dont l'innocence ne sera point exposée à se voir troublée; en second lieu, pour l'élève lui-même, qui trouvera nécessairement au sein de sa famille des soins bien plus actifs, des secours bien plus efficaces. Je n'excepterai ici, bien entendu, que les cas où l'enfant mis en pension serait orphelin et n'aurait personne sur la terre qui s'intéressât particulièrement à son sort. C'est bien alors qu'il serait inhumain de l'abandonner à lui-même: le maître qui prend sur lui les charges onéreuses de son éducation est son véritable parent; il aura pour lui les sentimens d'un père; il devra donc le garder, en prenant toutefois de prudentes mesures pour qu'il n'approche point les autres enfans, qu'il infecterait de son venin; car, je le répète, l'intérêt d'un seul n'est rien contre l'intérêt de tous.

Je passe sur l'attention minutieuse que M. Willaume recommande aux maîtres de pension au sujet de leurs élèves, sur les soins non ralentis qu'ils doivent employer pour sonder leur cœur et tirer d'eux un aveu sincère, comme sur les précautions à prendre pour empêcher toute communication de ces derniers avec leurs camarades. Ces observations sont de toute justesse; mais il ajoute :

« Il doit toujours y avoir de la lumière » dans le lieu où les enfans couchent : une » seule lanterne suffit dans un appartement » médiocre; deux et même trois doivent » être employées si l'appartement est très- » vaste : cette sage précaution peut prévenir » des malheurs de bien des genres; mais le » plus grand avantage qui en résultera con- » siste dans la surveillance que peuvent » porter à ce moyen les maîtres ou inspec- » teurs. »

Je puis être fortement dans l'erreur, mais je crois que l'habitude de mettre des lumières dans les dortoirs des enfans ne peut être avantageuse sous aucun rapport. Je m'explique : si nous supposons qu'il n'y ait dans la même chambre où couchent plusieurs enfans, qu'un seul être dont le cœur soit corrompu, je suis disposé à penser que la présence de cette lumière pouvant servir à dévoiler son odieux penchant aux yeux de ses camarades vertueux, le forcera peut-être à s'abstenir de ses excès meurtriers; mais encore avec quelle limitation ne doit-on pas raisonnablement accueillir une idée aussi favorable : en effet, à combien plus forte raison n'est-il pas à craindre que cet enfant corrompu, loin de concevoir aucune gêne de l'aspect de la lumière, ne se souille du même crime qu'il aurait pu commettre dans l'obscurité; que cette lumière, au contraire, donnant à ceux qui l'entoureront le moyen d'entrevoir ses actions, ne devienne elle-même l'instrument de leur corruption. Les ténèbres favorisent sans doute le vice; mais on conçoit qu'elles seraient encore préférables, car si elles donnaient plus de liberté aux manœuvres d'un ou de quelques libertins, elles mettraient aussi les enfans qui approcheront les coupables dans l'impossibilité de distinguer ce qui se passerait autour d'eux. Pour en revenir à mon raisonnement : de cette facilité de voir tout ce qui se passe autour de soi, naissent les attentions curieuses, les questions indiscrètes, les explications perfides, enfin l'exemple corrupteur et contagieux. Eh! que peut pour sa défense l'innocence qui n'est point en garde? et je suppose encore que l'enfant criminel ait eu assez de retenue pour faire un mystère de ses excès, jusqu'à ce que des sollicitations pressantes le forcent à une triste confidence de la vérité (1).

---

(1) Ce sont sur-tout ces confidences qui sont horriblement funestes. Qu'on se figure un insensé, un libertin, pressé de satisfaire aux demandes indiscrètes d'un jeune enfant qu'excitera un mouvement de curiosité, inséparable de l'enfance ; quelles leçons affreuses pense-t-on qu'il va lui donner? Porté au vice par l'instinct brutal de l'habitude, par une espèce de plaisir purement idéal, incapable de songer aux résultats cruels de ses excès, pourra-t-il lui faire entrevoir des dangers qu'il ignore, lui faire pressentir un châtiment dont il n'a point l'idée. Non : ce sont des peintures attrayantes qu'il lui fera de son crime, c'est une image perfide des sensations qu'il éprouve, qu'il mettra sous ses yeux ; en un mot, c'est une

Je vais maintenant supposer le cas malheureusement plus commun où plusieurs enfans seraient infectés du même vice. Couchant dans la même chambre, auront-ils besoin de se gêner mutuellement ? Une lumière suffira-t-elle pour contenir leur coupable frénésie ? Enhardis par l'exemple l'un de l'autre, seront-ils plus réservés, plus sages ? Non ; cette lumière ne servira qu'à éclairer une scène de débauche, que sa présence ne fera toujours que renouveler.

Je n'ai rien dit encore d'un autre inconvénient, pour le moins aussi grave, qu'entraînerait l'habitude de mettre des lumières dans les lieux où couchent des écoliers. Indépendamment des scènes dont je viens de donner une idée, on doit songer au danger qu'il y aurait à laisser la nuit du feu à la disposition d'enfans imprudens, dont l'un des plus grands plaisirs est de jouer avec cet élément perfide. Quelle source de malheurs naîtrait d'une attention irréfléchie !

---

coupe qu'il lui présentera, dont les bords sont enduits d'un suc odoriférant qui invite à y porter les lèvres, mais qui renferme au fond un breuvage amer, un poison mortel.

Je ne parlerai pas non plus de la facilité que les élèves pourraient avoir d'éteindre cette lumière suivant leur volonté : soutenus par le nombre, ne se trahissant presque jamais mutuellement, ils n'appréhendent point des punitions qu'ils partagent tous. Les personnes qui connaissent intimement la manière d'être des maisons d'éducation, ne seront point étonnés que je ne dédaigne pas des observations qui peuvent paraître frivoles.

Le moyen d'empêcher toute scène scandaleuse, toute familiarité indécente entre élèves, serait de faire coucher un professeur dans chacun de leurs dortoirs : sa présence maintiendrait les enfans dans un état de tranquillité, et ferait cesser tous les inconvéniens dont je viens de parler ; c'est alors qu'on pourrait, avec raison, mettre de la lumière dans chaque chambre ; elle servirait au professeur à observer leurs actions, à surveiller d'une manière plus active tout ce qui l'entourerait. Mais ne nous formons point de vaines chimères, et considérons toujours dans les projets que nous proposons la facilité ou la difficulté de leur exécution. Certes, on sera forcé de convenir ici que ce moyen, quoique très-bon en lui-même, n'est pas toujours praticable, en raison de la grande économie que trouvent aujourd'hui beaucoup de maîtres de pension dans le petit nombre de leurs professeurs. D'après le système le plus généralement adopté de nos jours dans les maisons d'éducation, il ne peut tout au plus y avoir qu'un professeur par deux ou trois dortoirs, et encore ne sauraient-ils la plupart s'assujettir à se coucher à la même heure que leurs élèves, et encore sont-ils exposés à des absences plus ou moins fréquentes, qui donnent toujours le temps aux enfans de se livrer à leur libertinage.

L'insuffisance de pareilles attentions est donc évidente.

M. Willaume ajoute plus loin : « Lorsque » les enfans sont dans la classe, et pendant » tout le temps qu'ils doivent y être, ou après » qu'ils en sont sortis, on doit veiller à ce » qu'ils ne puissent se cacher ni s'enfermer » nulle part. C'est un premier inconvénient » et bien grand, lorsque le bâtiment est pra- » tiqué de manière à ce qu'il y ait beaucoup » de réduits obscurs.... Même pendant les » leçons et heures qui y sont destinées, il

» n'arrive que trop que le délit se consomme.
» Le premier moyen d'y parer, est que le
» maître dispose son local de manière à voir
» ses élèves depuis la tête jusqu'aux pieds.
» Les tables doivent être à jour par-dessous;
» si l'on fait des dossiers aux bancs, ils
» doivent consister en une simple traverse,
» et il faut bien éviter qu'il y ait plusieurs
» bancs les uns derrière les autres. »

On ne peut se dissimuler toute la sagesse de ces précautions; mais il serait en même temps à desirer que les personnes chargées par état de l'instruction de la jeunesse ne dédaignassent pas de les mettre en usage. C'est avec douleur que je suis forcé d'avouer au contraire le peu de cas que la plupart font de ces avis salutaires. Ne considérant que leur intérêt personnel, craignant de faire jusqu'aux moindres dépenses pour le bien de leurs élèves, ils voient d'un œil très-indifférent des désordres qu'une attention suivie, un intérêt plus vif auraient souvent pu prévenir. Loin d'entourer leurs élèves d'argus vigilans, dont la tâche bien louable soit de les épier continuellement, et dans leurs travaux et dans leurs plaisirs;

loin de se regarder comme de vrais pères de famille, qui ne doivent avoir rien de plus cher que la conservation de tous leurs petits enfans, ils ne voient en eux-mêmes que des hommes salariés pour donner à des enfans étrangers de la nourriture et quelqu'éducation. En remplissant même médiocrement l'une et l'autre de ces obligations, ils croient suffisamment acquitter leur dette; ils ignorent sans doute que les principes de religion et de vertu sont les premiers qu'ils doivent donner à leurs élèves, puisque c'est vraiment la sauve-garde de leur innocence et l'arme la plus puissante pour résister à toutes les atteintes du vice. Peu nous importe l'instruction dans une maison d'éducation, si nous n'y voyons pas de bonnes mœurs. A quoi peut-il être avantageux pour la société que les chefs de nos écoles forment des savans, s'ils forment en même temps des hommes corrompus? Quelle obligation devront avoir des parens au maître entre les mains duquel ils auront déposé toute leur autorité paternelle; lorsqu'indigne de son noble ministère, cet homme leur rendra en échange d'un enfant innocent, plein de graces, de candeur, qu'ils avaient confié à ses soins, un jeune homme dont le cœur sera vicieux, infecté, et le corps accablé des plus affreuses infirmités. Quelle cruelle leçon pour des parens sensibles! S'ils ont aussi des enfans ces maîtres, qu'ils descendent en eux-mêmes, qu'ils interrogent leur conscience, elle leur dira qu'ils sont coupables, qu'ils n'auraient point été aussi indifférens sur la conduite de leur propre fils. Dès qu'un père plein de confiance abandonne au soin d'un maître de pension le sort de son enfant, c'est un dépôt sacré qu'il remet entre ses mains, c'est une fleur précieuse que ne pouvant cultiver lui-même, il confie aux mains habiles d'un jardinier : il attend donc de sa part toute l'attention, toute la sollicitude qu'il serait susceptible d'apporter lui-même à sa culture; par ses soins, elle doit de jour en jour prendre un nouvel éclat, s'embellir. Eh! quel sera son juste étonnement, si cette fleur, belle à sa naissance, se fane, dépérit et meurt sur sa tige? Contre qui sera-t-il en droit d'exhaler tout l'excès de son mécontentement? est-ce contre la fleur ou contre le jardinier? n'est-ce pas à ce dernier à la préserver de toute espèce de dangers, de l'ardeur du soleil, de l'approche des insectes malfaisans.

Mais je m'aperçois que ma digression m'écarte beaucoup trop de mon sujet. C'est sur-tout sur les pensions des demoiselles qu'on doit porter ses regards; c'est aux personnes qui les dirigent que l'on doit faire de justes reproches; car il arrive si fréquemment que ces maisons, loin d'être des écoles de vertu, ne sont que des foyers de vice. L'examen peu sévère que font les maîtresses de la personne d'une nouvelle pensionnaire, le peu de soins qu'elles portent à chacune de leurs élèves; cet esprit d'oisiveté, ce goût pour les choses frivoles, cet amour des connaissances inutiles et souvent fort dangereuses qu'elles leur inspirent, ces communications journalières, ces liaisons très-intimes qu'elles leur permettent entre elles; tout enfin concourt à la fois à la corruption de demoiselles destinées la plupart à tenir un rang dans la société. Il n'est que trop facile de déduire les plus funestes conséquences de cette réunion de causes. En effet, au moyen de cette indifférence que les maîtresses mettent à connaître à fond les enfans qu'on leur offre, elles se trouvent fort souvent exposées à recevoir des jeunes personnes qui portent dans le cœur le germe du coupable penchant de la masturbation : en faut-il davantage pour que la contagion s'étende, sur-tout quand on songe à cet esprit insinuant, à ces intimités si étroites qui règnent toujours entre les petites filles du même âge, à ces besoins naturels qu'elles éprouvent de se faire réciproquement des confidences. Les communications journalières soit avec les servantes ou autres femmes, sont aussi fort dangereuses. Le soin que les maîtresses pourraient d'ailleurs prendre de leurs demoiselles deviendrait infructueux, s'il ne tendait sur-tout à écarter d'elles tous les êtres qui leur paraîtraient suspects. Une fois que le coup fatal serait porté, que la corruption aurait gangrené plusieurs cœurs, il ne leur resterait plus que le fragile espoir d'arrêter les progrès du crime. C'est bien alors qu'il leur faudrait une attention, une vigilance bien au-dessus de toutes leurs forces. Quelle tâche pénible et délicate! C'est un incendie allumé par une simple étincelle, qu'une personne seule voudrait éteindre.

Mes observations n'ont porté jusqu'ici que sur les moyens donnés par M. Willaume pour arrêter les progrès de l'Onanisme; j'ai raisonné dans leur hypothèse, j'en ai démontré en plusieurs cas l'insuffisance : il me reste actuellement à faire connaître mes idées sur les moyens de prévenir ce libertinage chez les deux sexes; car ce n'est point dans sa pratique seulement qu'il faut attaquer le mal, c'est dans son principe : j'avoue d'avance toute l'attention et la peine que devront avoir les parens et maîtres de pension pour suivre exactement la conduite que je me permets de leur prescrire, mais j'aime à croire que cette tâche sera bien douce pour eux.

Cette obligation si naturelle de la part des parens de veiller à la conservation de leurs enfans, c'est-à-dire de ce qu'ils ont de plus cher au monde, exige la manière d'agir suivante :

Dès qu'un enfant aura atteint sa quatrième ou cinquième année, on doit, à partir de ce moment, ne le laisser strictement approcher que de personnes dont on connaisse bien la moralité, afin d'éviter à ses yeux des scènes scandaleuses et à ses oreilles des propos indécens. L'exemple fut toujours le premier acheminement au vice. On doit en outre surveiller toutes ces communications entre enfans du même âge qu'on ne saurait empêcher; il peut en effet, parmi ces petits êtres, s'en trouver de trop instruits. Un prétexte de jeux innocens peut cacher un motif coupable : je ne remonte à cet âge que pour assurer davantage aux parens l'innocence de leurs enfans; car j'avouerai que c'est rarement à quatre ou cinq ans qu'on peut se corrompre. Si je recommande ces attentions provisoires, c'est afin que la force de l'habitude conduise sans difficulté à des précautions plus grandes, au fur et à mesure que l'enfant grandira. Depuis cinq ans jusqu'à dix à peu près, surcroît d'attentions de tout genre : c'est sur-tout dans le cours de cet âge que nous devons être sûrs des gens qui approchent nos enfans, que nous devons empêcher toute espèce de jeux avec d'autres enfans du même âge, si nous avons lieu de les suspecter : ce seraient des pestiférés dont il les faut garantir.

Cet âge est celui où l'on reçoit communément les premières connaissances élémentaires : attention scrupuleuse dans le choix d'un maître ou d'une maîtresse, qui devront d'ailleurs mêler toujours à leurs démonstrations d'écriture et de lecture, des leçons de religion à la portée des enfans, et des traits de vertu en action pour former leur cœur et les accoutumer de bonne heure au travail, quelle que soit la position de leurs parens. Sans manquer aux bienséances, ni même se faire de privations, on peut très-bien se dispenser d'emmener ses enfans par-tout où l'on peut aller : je voudrais qu'ils ne connussent point les spectacles, qu'on ne les menât jamais au bal, et rarement dans les sociétés. L'absence d'un petit garçon ou d'un petite fille de huit à dix ans ne marque point assez pour qu'on ne puisse les laisser chez soi avec des personnes de confiance, dont les bonnes mœurs et les excellens principes soient reconnus : on évite par là d'enflammer leur imagination inquiète, de lui créer des besoins, de leur donner prématurément cet esprit de dissipation, ce goût pour l'oisiveté, dont les suites sont toujours si pernicieuses. Le plaisir unique que doivent prendre des enfans de cet âge, consiste dans des promenades très-fréquentes. Si l'on pouvait même, à la rigueur, ne donner d'autre société à une petite fille que sa poupée, et d'autre compagnie à un petit garçon que ses chevaux, ses soldats, ses tambours, on ferait très-bien : cet état d'isolement et de tranquillité ne pourrait que leur être infiniment avantageux.

Jusqu'ici j'ai à peu près raisonné dans la supposition où les pères et mères seraient à même de pouvoir partager avec des maîtres et des domestiques ces soins si tendres, cette surveillance active qu'exige l'intérêt de leurs enfans. Il n'est point douteux qu'une sollicitude aussi bien partagée ne soit couronnée des plus heureux succès; mais occupons-nous maintenant de tous ces petits êtres non moins intéressans aux yeux de l'humanité, dont les parens seraient au contraire dans une situation qui ne leur permettrait aucune espèce de sacrifice : cette classe de la société n'est assurément pas la moins nombreuse. Qu'en résulte-t-il? N'ayant pas le moyen d'avoir pour leurs enfans et près d'eux des personnes qui soient chargées de leur éducation, ces parens rempliront eux-mêmes l'obligation que la nature leur impose, d'élever et de former leurs enfans à la vertu. La tâche n'étant point partagée, sera plus pénible, mais en même temps plus douce. Il est à supposer que l'état d'isolement dans lequel jette nécessairement la médiocrité ou la pauvreté, leur laissera incomparablement beaucoup plus de moyens de veiller à la conservation de leurs enfans. Les gens riches, les gens du monde se doivent naturellement à la société : cette société n'est autre qu'un tyran qui les captive, qui dispose des plus beaux instans de leur vie, qui leur fait oublier jusqu'à leurs devoirs les plus sacrés ; aussi, pour prévenir tout le tort qui pourrait résulter d'un tel mode d'existence, sont-ils forcés de donner leur confiance à des personnes étrangères, pour s'acquitter des obligations qu'ils se dispensent de remplir eux-mêmes. L'homme pauvre, au contraire, loin d'une société bruyante, vit au sein de son ménage : son épouse, ses enfans composent sa société de tous les jours. Peut-on croire alors qu'il lui soit difficile de se rendre compte de tout ce qui se passe chez lui, de surveiller continuellement ses enfans, de leur inspirer de bonne heure l'horreur du vice. Non, quelque peu doués d'instruction que seraient des pères et mères, je pense fermement qu'ils n'en sont pas moins les meilleurs guides que des enfans puissent trouver ; on n'a pas besoin d'instruction pour être vertueux, ni de fortune pour connaître ses devoirs : le meilleur précepteur est celui qui parle au cœur, et c'est là le privilège d'un père.

Mais il est une vérité de laquelle je dois convenir, c'est que les gens qui composent ce que nous appelons la basse classe du peuple, prennent ordinairement fort peu de soins de leurs enfans, les laissent même, dès l'âge le plus tendre, courir de côtés et d'autres, ou les envoient à des écoles, moins pour les instruire que pour s'en débarrasser, sans s'inquiéter aucunement de savoir qui les fréquentera et les approchera. Cet inconvénient est, je l'avoue, souvent inséparable de leur position; aussi je prévois quelle série d'attentions, d'assujettissemens j'exige d'eux; mais en y réfléchissant bien, la mise en action de tant de soins n'est presque impossible que parce qu'ils ne sont point habitués à les prendre : du reste, j'ai cru entrevoir le motif de cette espèce d'indifférence que laissent paraître certaines gens du peuple sur la conduite et la manière d'être de leurs enfans. S'ils sont honnêtes et vertueux, ils n'oseraient penser que l'on puisse à cet âge même où la faculté de raisonner n'est pas encore développée, contracter des vices ou des penchans qu'ils ne connaissent eux-mêmes que de nom. Où donc est à leurs yeux cette nécessité de tant surveiller leurs enfans et leurs alentours? Pleins de la plus profonde sécurité, ils les laissent conséquemment se corrompre en secret par l'exemple ou les insinuations perfides. Le coup fatal est porté, qu'ils l'ignorent encore. En sens contraire, si les parens ne sont rien moins que pleins de vices et d'immoralité, se gêneront-ils devant les malheureux qui leur doivent le jour? Ils ne s'inquièteront pas de ce qu'ils peuvent devenir chaque jour, quelle sorte d'enfans ils fréquentent dans leurs jeux. Bien loin de chercher à les détruire, leur peu de délicatesse les porte à voir de sang froid les vices déjà apparens de leurs enfans. Eh!

quelle est la cause première de tous ces attentats, de tous ces crimes dont gémit journellement l'humanité : n'est-ce pas cette même insouciance ? Les vices qu'on ne déracine pas dégénèrent en passions ; les passions, dénuées de tous ces principes de vertu qui pourraient les épurer ou du moins en calmer la violence, sont un acheminement médiat au crime.

En se pénétrant bien que tous les défauts et les vices que mille personnes apportent dans la société, que toutes les actions infames dont se souillent tant d'autres, ne sont toujours que le fruit d'une éducation négligée, de l'insouciance coupable des parens à l'égard de petits êtres qui portent en naissant avec eux un germe de dépravation : on sentira combien il est important, dans quelle que position que l'on se trouve, de prendre dès leur naissance le plus grand soin de ses enfans ; je dis *dès leur naissance :* en effet, au sortir du berceau, sans connaître assurément la distinction du bien et du mal, du vice et de la vertu, les enfans ont tous une tendance certaine au mal ; ils le feront d'abord machinalement, et bientôt par réflexion, avec le temps.

En me résumant, je voudrais que pauvres ou riches, les pères et mères missent leurs enfans dans une espèce d'isolement qui d'abord paraîtrait impraticable, mais que l'habitude opérera très-facilement. Puis-je, me dira l'homme opulent, empêcher que mes enfans, entourés de leurs bonnes ou de mes domestiques, n'entendent des discours qui éveillent leur imagination et ne leur donnent de mauvaises pensées? Oui, sans doute, vous le pouvez, en faisant un choix scrupuleux de vos domestiques, en vous assurant de leur moralité comme de la qualité la plus essentielle que vous recherchez en eux. Il doit moins vous importer, par exemple, que votre cuisinier soit renommé, votre jokei jeune et bien fait, votre femme-de-chambre vive et éveillée, que de trouver en eux des gens honnêtes, discrets et décens sur-tout. Cela étant, vous avez d'abord beaucoup moins de sujets de crainte; vous avez songé à l'intérieur de votre maison, il faut actuellement éviter les rapprochemens extérieurs. En effet, combien ne voit-on pas, sur-tout dans les jardins publics, de petites fillettes bien lestes et bien dégourdies, à qui des parens sans défiance ont abandonné leurs enfans : on doit bien penser qu'avec de pareilles bonnes, ces petits êtres apprennent ce ce qu'ils devraient ignorer. Au reste, j'ai en quelque sorte prouvé que les gens que la médiocrité de leur fortune ou même leur pauvreté mettait hors d'état de donner des domestiques à leurs enfans, étaient plus à même de s'assurer de leur innocence, puisqu'ils pouvaient toujours être avec eux et près d'eux.

Mais je suis ma proposition.

Les enfans ont atteint d'un côté comme de l'autre huit à dix ans : ce sont des garçons ou des filles. On a déjà dû prendre à leur égard toutes les précautions que j'ai précédemment indiquées, et les voilà arrivés au moment où leur éducation va se développer. Il faut conduire les uns en pension, envoyer les autres à l'école, ou bien les mettre en apprentissage, pour qu'ils apprennent un métier quelconque. Je ne perds pas de vue, comme on le voit, les lignes de démarcation établies entre les positions relatives des pères et mères; comme elle apporte des différences très-sensibles dans la destination de chaque enfant, il est très-important de les distinguer.

Les gens d'un rang distingué, les gens riches, et même aujourd'hui les bourgeois, conduisent leurs enfans aux lycées, colléges ou pensions, à peine ils ont atteint sept à huit ans; quelques-uns s'en débarrassent même avant cet âge : il en est ainsi des demoiselles. Ordinairement, quand on veut placer un enfant en pension, on s'enquiert de la réputation de la maison, du nombre des élèves, de la belle éducation qu'on y reçoit, de la bonne nourriture qu'on y prend, enfin des capacités intellectuelles du chef et de ses professeurs; mais on ne prend jamais de souci du ton de la maison, du bon ordre qui doit y régner, de la moralité particulière du maître ou de la maîtresse de pension et de ses alentours. Voilà cependant les premières choses qu'il importerait de bien connaître. Sans ces qualités essentielles, comment peut être dirigée et surveillée cette quantité d'enfans légers, sans expérience, portés par instinct au mal : leur éducation morale devra être nécessairement négligée, et voilà la source de tous les désordres, les déréglemens, les débauches dont quelques-unes de ces maisons sont et seront toujours le foyer.

On ne saurait donc apporter trop de réflexions et de soins dans le choix d'une maison d'éducation, puisque c'est ce choix bien ou mal fait qui décidera de l'innocence ou de la corruption d'un enfant. Cette attention si impérieusement commandée est d'autant plus naturelle, que le séjour des enfans dans ces sortes de maisons est toujours de fort longue durée; il arrive même qu'il embrasse plusieurs périodes de leur existence; car tels enfans que des pères et mères ont mis en pension dès leur bas âge, n'en sortent qu'à dix-huit, vingt ans, et quelquefois même plus tard. Voilà donc sept à huit années, les plus intéressantes de leur vie, qu'ils vont passer loin de leur famille : c'est dans cet intervalle que se forme indubitablement le germe du malheureux penchant de la masturbation ; c'est dans cet intervalle que l'innocence est corrompue, que les progrès du mal se développent insensiblement ; qu'ils empirent de jour en jour, faute de prévoyance : c'est au milieu des symptômes de dépérissement les plus affligeans, qu'on finit par atteindre cet âge de la jeunesse dont la vigueur, la santé, la fraîcheur, sont communément le partage.

S'il est prouvé que le long espace de temps qui s'écoule entre l'âge de l'enfance et celui de la jeunesse est généralement le plus dangereux pour la conservation de l'innocence de l'homme, il est clair que c'est le temps que les enfans demeurent en pension qui doit le plus éveiller la sollicitude des parens; que c'est du chef de la maison d'éducation que dépend le bonheur des êtres qui lui sont confiés.

Le voilà investi de toute l'autorité paternelle, le voilà seul chargé du sort de mille petits êtres qui réclament tous les soins les plus tendres, une égale surveillance : aucun d'eux ne devra être négligé pour l'intérêt de l'autre. Quelle tâche dure et pénible, mais en même temps combien elle est honorable! s'il peut parvenir à préserver sa maison de cette peste affreuse qui en désole, en infecte tant d'autres, il aura accompli ce grand vœu de l'humanité, il aura atteint ce but si longtemps desiré; car il ne faut pas s'abuser : si les parens ont pu conserver l'innocence de leurs enfans jusqu'au moment où ils doivent s'en séparer, les mettre en pension, ce qui n'est pas très-difficile; que d'un autre côté les maîtres à qui ils ont remis le soin de leurs enfans, soient parvenus à éloigner d'eux toute occasion de chute, jusqu'au jour où ils les devront rendre à leur famille : on n'a plus la même crainte à concevoir. J'ai dit que les jeunes gens sortaient ordinairement de pension à l'âge de dix-sept, dix-huit, vingt ans : c'est l'âge où les passions commencent à se développer, où l'imagination se trouve excitée par mille sensations chaque jour renaissantes. Est-ce au moment où le cœur du jeune homme, dévoré de tous les feux de l'amour, pourra facilement et *naturellement* satisfaire ses desirs, qu'on devra craindre la naissance d'un penchant qui viole toutes les lois de la nature? Le nom seul du crime lui ferait horreur. L'essentiel est donc, comme on le voit, d'atteindre sans accident cet âge où l'on peut faire connaître à l'homme sa véritable destination. Le rapprochement de l'un et de l'autre sexe a toujours été le plus sûr contre-poison de l'abominable penchant de la masturbation ; l'impuissance de ce rapprochement, les desirs qu'on aurait de l'opérer, sont, dès l'âge le plus tendre, la cause primitive de ce crime.

J'en reviens à mon hypothèse : si les enfans ont le bonheur d'être placés dans une pension dont la pureté des mœurs soit une des bases principales, il n'est pas douteux qu'ils seront sauvés de la commune contagion ; mais il serait aussi bien nécessaire, pour rentrer dans les vues excellentes du chef d'institution, que les parens les rappelassent très-rarement près d'eux pendant tout le cours de leur éducation. Des enfans à qui l'on ferait contracter l'habitude de quitter régulièrement leur pension tous les jeudis et dimanches, pour les conduire soit au spectacle, au bal ou dans les sociétés, ne rapporteraient le lendemain chez leur maître qu'un engourdissement, un vide, dont les suites sont toujours dangereuses. N'oublions pas que ces sortes de dissipations ont le tort de troubler leur imagination jusqu'alors paisible, et de remplir leur esprit d'une vague inquiétude, dont ils ne manqueraient pas tôt ou tard de découvrir la véritable cause. Puisqu'ils ne sont pas encore d'âge à partager la manière d'être, les habitudes d'un monde étranger pour eux, pourquoi leur offrir, comme à l'échappée, l'image de ses plaisirs? Quelle vive impression ne pense-t-on pas qu'ils devront faire sur leur ame? J'aime beaucoup la méthode de certaines personnes, qui ne font venir leurs enfans chez eux qu'une fois tous les mois : ces petits dérangemens aussi rares ne peuvent avoir rien de funeste. Des pères et mères feraient bien, au contraire, de visiter fréquemment leurs enfans; car il ne faut pas aussi qu'ils paraissent les oublier. Ces sortes d'entrevues, terminées souvent par une petite promenade champêtre, auront l'effet de remplacer ces sorties réitérées dont je viens de parler, et qui d'ailleurs ne pourraient guères être du goût d'un maître de pension prudent et raisonnable. Vous l'avez exclusivement chargé du sort de votre enfant, de la conservation de son innocence, n'exposez donc pas vous-même sa vertu à des écueils dangereux. Songez que vous pouvez, en un moment, détruire l'ouvrage de plusieurs années d'attentions, de peines, de sollicitudes : l'imagination une fois irritée est capable de toutes sortes d'écarts. Comment détruire alors ce feu imprudemment allumé? La justesse de mes réflexions ne saurait être contestée.

Je ne répèterai point ici les instructions que je viens de rapporter concernant les maîtres de pension : leur observation rigoureuse aura le pouvoir non-seulement d'arrêter les progrès du crime de la masturbation, mais aussi d'en prévenir le germe : il n'est pour cela qu'une seule condition à remplir, c'est celle de l'examen préparatoire et sévère des enfans qu'on leur présente ; s'il est fait scrupuleusement, s'ils n'admettent chez eux que des êtres reconnus chastes et innocens ; et si, non contens encore de cette première assurance, ils les entourent de toutes sortes de soins, ils les surveillent sans relâche pendant tout le temps qu'ils les garderont, où sera la possibilité que ces enfans ne soient pas rendus à leurs parens aussi purs, aussi vertueux qu'ils l'étaient en les quittant..... Oui, mais il faudrait que l'intérêt ne parlât pas plus haut que leur conscience; que l'appât d'un lucre quelqu'avantageux qu'il fût ne les aveuglât pas sur la moralité des personnes qu'on pourrait leur proposer. Au surplus, les parens, de leur côté, ayant d'abord entouré les premières années de leurs enfans de la sollicitude la plus active, il n'y a point de doute que les maîtres de pension seront beaucoup moins exposés à recevoir dans leur maison des êtres corrompus.

Mais c'est assez m'occuper des enfans qui passent leur jeunesse en pension, jetons un coup-d'œil sur ceux que la médiocrité de leur position ou leur pauvreté destine aux écoles. Les soins à prendre d'eux sont évidemment les mêmes, à cela près cependant que dans le premier cas ils sont tous supportés par le maître de pension, que la famille y prend une part peu active; tandis qu'ici la surveillance à déployer doit être égale de la part du maître d'école et des père et mère; que les peines seront exactement partagées entre eux, puisque l'emploi d'une journée est naturellement divisé de manière à ce que les enfans passent autant de temps chez leurs parens qu'aux écoles. Il en est de même des maisons d'apprentissage et autres lieux où les jeunes filles et garçons peuvent être envoyés pour apprendre un état.

Il serait fastidieux de rappeler de nouveau toute la série de prévenances et d'attentions que devront avoir les parens dans chacune de ces circonstances. De quelque manière qu'ils s'y prennent, pourvu qu'ils s'assurent, avant de confier leurs enfans, de la moralité des maîtres d'école, d'apprentissage, et de leurs alentours; qu'ils soient certains qu'ils ne courront aucun danger : voilà le point important; car il est censé qu'ayant eu le grand soin de rechercher pour l'éducation de leurs enfans des gens dont les exemples et les conseils ne peuvent que leur inspirer l'amour de la vertu, des pères et mères ne sauraient être indifférens pour l'accomplissement de la moitié de la tâche qui leur sera naturellement imposée; qu'en conséquence ils surveilleront leurs enfans, qu'ils épieront sans cesse leurs actions, et se rendront enfin maîtres absolus de leurs volontés et de leur esprit, jusqu'à ce que ces êtres intéressans soient parvenus à un âge qui les mette à l'abri de toute contagion.

Qu'une jeune fille ait quinze ou seize ans, un jeune homme dix-huit ou dix-neuf ans, cet âge suffit pour qu'on n'ait plus à craindre de voir naître en eux le germe du crime de la masturbation; je dis le germe, car il en serait bien autrement si cet affreux penchant s'était précédemment déclaré. Ils se trouveraient alors dans la même position que tous ces infortunés qui se flétrissent de cette souillure, et ce dernier chapitre ne leur serait point applicable. Mais j'en reviens à ma proposition. Des jeunes gens de l'un et l'autre sexe qui ont le bonheur d'arriver purs et vertueux aux âges que je viens de désigner, seront, sans contredit, délivrés de toute espèce de dangers relativement à l'onanisme, par une raison d'autant plus simple, qu'ils commenceront à sentir le besoin de plaire et d'aimer, en un mot, de se rapprocher l'un de l'autre. C'est alors qu'après avoir mis tout en usage pour préserver leurs enfans d'une peste affreuse, les parens seront

bligés de prendre des précautions d'une
oute autre espèce pour réprimer en eux
a fougue des passions et l'instinct souvent
résistible de la nature. Il faut prendre garde
ue les enfans, après avoir évité un abyme,
e retombent dans un autre.

Quelle source infinie de réflexions!

FIN.

www.ingramcontent.com/pod-product-compliance
Lightning Source LLC
Chambersburg PA
CBHW052214270326
41931CB00011B/2342
* 9 7 8 2 0 1 2 8 1 6 6 4 0 *